FENÓMENOS
PARA-ANORMALES

ExLibric

FRANCISCO BARBA CAÑETE

FENÓMENOS
PARA-ANORMALES

EXLIBRIC
ANTEQUERA 2025

FENÓMENOS PARA-ANORMALES
© Francisco Barba Cañete
Diseño de portada: Dpto. de Diseño Gráfico Exlibric

Iª edición

© ExLibric, 2025.

Editado por: ExLibric
c/ Cueva de Viera, 2, Local 3
Centro Negocios CADI
29200 Antequera (Málaga)
Teléfono: 952 70 60 04
Fax: 952 84 55 03
Correo electrónico: exlibric@exlibric.com
Internet: www.exlibric.com

ISBN: 979-13-88079-26-9
Depósito Legal: MA 1990-2025

Impresión: PODiPrint
Impreso en Andalucía – España

Nota de la editorial: ExLibric pertenece a Innovación y Cualificación S. L.

FRANCISCO BARBA CAÑETE

FENÓMENOS
PARA-ANORMALES

Aunque el mundo se alzó y detuvo al bastardo,
la perra que lo parió está otra vez en celo.
BERTOLT BRECHT

En tiempos de engaño universal,
decir la verdad se convierte en un acto revolucionario.
GEORGE ORWELL

Prólogo

En los pliegues de la historia, allí donde la razón y la fe, la ciencia y la superstición parecen entrelazarse en una danza eterna, surge una pregunta inquietante: ¿por qué en los últimos años, pseudociencias, teorías conspirativas y *fake news* resurgen con fuerza insólita hasta el punto de revelarse como una herramienta de poder?

Es ingenuo pensar que se trata solo de una moda marginal y esporádica. Este renacer coincide con el ascenso de líderes ultraderechistas que, desde Washington hasta Budapest, desde Buenos Aires hasta Jerusalén, han encontrado en estas narrativas un arma poderosa para moldear la realidad a su antojo, construyendo pilares de un nuevo orden discursivo.

Imaginemos un mundo donde las vacunas no son un logro científico, sino un complot; el paracetamol provoca autismo, porque así le parece al presidente de Estados Unidos; el cambio climático no es una crisis, sino un invento, y las elecciones no son un proceso democrático, sino un teatro orquestado por fuerzas oscuras. Este mundo no es una distopía futurista, es el nuestro y, en él, figuras como Trump, Putin, Milei, Netanyahu, Orbán o Meloni actúan como arquitectos de una nueva realidad construida sobre los cimientos de la desinformación y el pensamiento mágico.

Vamos a explorar esta peligrosa intersección: el punto donde la política y la irracionalidad se encuentran, donde las teorías conspirativas se convierten en manifiestos y las *fake news* en dogmas. Pero ¿cómo hemos llegado hasta aquí? ¿Qué fuerzas han permitido que lo que alguna vez fue marginal ocupe ahora el centro del escenario? Y, sobre todo, ¿qué significa este resurgimiento para el futuro de la democracia, la ciencia y la verdad misma?

Atrapados entre la utopía platónica y la distopía orwelliana, asistimos a un momento crucial en la historia de la humanidad.

Platón nos mostró con «el mito de la caverna» como la realidad es distorsionada por las sombras y reducida a una comprensión superficial. Los prisioneros que por circunstancias solo ven el perfil umbrío de los objetos lo interpretarán como la única verdad. Sin embargo, cuando alguno se libera y contempla el mundo exterior, descubre la evidencia, representada por el sol (el mundo de las ideas). Platón concibió una organización social que busca lo justo y lo bueno para la colectividad. Esta sociedad idealizada fue relacionada con «la nueva isla de Utopía» que imaginó Tomás Moro en 1516 y que ha llegado hasta nosotros como sinónimo de lo inalcanzable; una sociedad donde la justicia y el orden se lograrían a través de la virtud y la razón, siendo la educación clave para moldear a cada ser humano.

Por su parte, George Orwell, en su novela *1984,* describe la realidad controlada por un régimen totalitario liderado por el Partido y su representante, el Gran Hermano. El Partido controla la realidad eliminando toda posibilidad de pensamiento crítico. Esta deformación es empleada como instrumento de control y se refuerza con la ignorancia, lo que imposibilita que los individuos escapen al «mundo exterior». En esta distopía, la justicia es falsa; adulterando la verdad se facilita el conformismo y un orden autoritario. La educación no persigue elevar al individuo ni favorecer la razón, sino más bien reducirlo a la ignorancia para manipular sus emociones y someterlo a la obediencia.

Existe una derechización inequívoca en los jóvenes nacidos en el siglo XXI, cuando tradicionalmente los jóvenes solían ser más progresistas que sus padres. En España, la extrema derecha ha sabido venderles consignas como «con Franco se vivía mejor», «los políticos son todos corruptos», «la mujer debe estar en casa cuidando de los hijos», etc. Las redes sociales han tenido un indudable protagonismo en este cambio. Los jóvenes son, además, especialmente influenciables a través de herramientas como el mundo del misterio o las pseudociencias.

Recuerdo cuando, en el verano de 1973, cayó en mis manos el libro *El retorno de los brujos,* de Pauwels y Bergier. Lo encontré tan seductor que no podía parar de leerlo, sumergido literalmente en el esoterismo, la parapsicología, las civilizaciones desaparecidas, la alquimia, las pirámides egipcias, la Isla de Pascua, el mapa de Piri Reis, las líneas de Nazca, la telepatía y otros asuntos novedosos para mis trece años. Este fue mi primer contacto con un mundo fantástico, un «universo prohibido» con propuestas asombrosas y explicaciones muy distintas a las oficialmente aceptadas.

Ese mismo verano leí también *El exorcista,* la novela de William Peter Blatty, más terrorífica si cabe que la película estrenada el año siguiente. No tardé en abordar a Erich von Däniken, con sus *Recuerdos del futuro,* a Lobsan Rampa y su *Tercer ojo,* y algunos títulos más de este estilo. De ahí a ser atrapado por una secta esotérica solo había un paso. El historiador José Luis Rodríguez Jiménez, especialista en el estudio de la extrema derecha en España, avisó en su momento de la clara inspiración fascista o neonazi de sectas que utilizan como tapadera un amplio abanico de asuntos relacionados con el misterio, la cábala, el ocultismo, la astrología y otras pseudociencias para captar a ingenuos adolescentes como yo a través de conferencias con títulos muy sugerentes.

En 1983, se presentó en el Parlamento Europeo el llamado *Informe Cottrell,* donde se advertía de la peligrosidad de algunas sectas que funcionaban bajo el disfraz de movimientos religiosos, escuelas filosóficas o esotéricas: Ananga Marga, Osho, Iglesia de la Cienciología, la secta Moon, Meditación Trascendental, Niños de Dios (de Moisés David), Nueva Acrópolis, Hare Krisna, y algunas más. Es paradójico que, transcurrida una cuarta parte del siglo XXI, en un mundo cada vez más interconectado y dependiente, teorías pseudocientíficas, fenómenos paranormales y conductas supersticiosas mantengan tanta vigencia.

La Fundación BBVA ha publicado en 2025 un estudio donde compara las creencias de base científica de los españoles con las convicciones y prácticas alternativas. Resulta asombroso que un tercio de nuestra sociedad crea en la magia y las brujas, que nuestro planeta ha sido visitado por extraterrestres, que el ser humano nunca ha estado en la luna y opina que «hay muchas cosas importantes que la ciencia no puede ni podrá explicar».

Casi 2 millones son, además, terraplanistas y normalmente negacionistas del cambio climático. Un grupo importante son mayores de sesenta y cinco años, con estudios primarios, católicos e ideológicamente posicionados en la extrema derecha. Por el contrario los que confían más en la ciencia, son menos religiosos, suelen tener un mayor nivel de estudios y se sitúan en la izquierda política. El 20 % de los españoles aún cree en el demonio, en el infierno o en la reencarnación.

Es alarmante cómo el misterio puede convertirse en una herramienta de manipulación y control. Temas clásicos como el diablo, la astrología, los Illuminati, los ovnis o las sectas, aunque en apariencia desconectados, comparten un hilo conductor que los hace útiles para determinados intereses políticos. Es, por ello, que necesitamos desmitificar los llamados fenómenos paranormales más recurrentes, demostrar no solo su falta de base científica, sino lo que es peor: su derivación como instrumentos de propaganda que, sin duda, polarizan a la sociedad al tiempo que consolidan narrativas autoritarias.

En España, el periodista Iker Jiménez (1973) acapara, sin duda, gran parte del pastel que se reparten unos pocos comunicadores de lo paranormal. Pero lejos de ser simples entretenimientos o curiosidades inofensivas, estos relatos a menudo tienen un impacto profundo en la percepción social y política de los ciudadanos. Los programas de Iker, que comenzaron hablando de ovnis y fenómenos en apariencia extraños, terminan dando cobijo a teorías conspiranoicas que van desde la geopolítica a la interpretación de la gestión de la dana valenciana. Solo nos faltaba que asuntos sociopolíticos tan serios a los que nos enfrentamos tengan que pasar por el tamiz de espectáculos televisivos de misterios y conspiraciones; como dijo Gabriel Rufián, portavoz de ERC en el Congreso de los Diputados: «... *hoy la realidad en este país ya no te la explica Balbín o Carlos Llamas, te la explica Pablo Motos o Iker Jiménez»,* quienes desde sus *shows* televisivos, *El hormiguero, Cuarto Milenio* y *Horizonte,* no suelen proporcionar información seria, contrastada y veraz a la altura del derecho que tenemos los ciudadanos.

La pandemia del Covid-19 supuso para Iker la oportunidad de sembrar la desconfianza en los espectadores con meras especulaciones faltas de todo rigor científico. Por su programa empezaron a desfilar personajes con las más absurdas hipótesis que después eran expandidas en las redes. Pero la línea roja de lo tolerable la traspasó al abordar la catástrofe provocada por la dana de Valencia, no dudando en utilizar mentiras execrables. Desinformar para aumentar la conmoción de nuestra sociedad es caer muy bajo. La tibieza de sus posteriores disculpas contrastó con el énfasis del «había muchos cuerpos, muchos». Bastante lodo cubría ya a Valencia, como para emponzoñarla desde el sensacionalismo más rastrero. Al interés por lo misterioso, Iker Jiménez añade una función ideológica afín a la ultraderecha.

El sesgo ideológico de los tertulianos de *Cuarto Milenio* y *Horizonte* les hace situarse en un extremo conservadurismo. Las teorías de la conspiración encuentran asiduamente en sus programas apoyo con relatos ambiguos, presentados a menudo como investigaciones serias pero que suelen deslegitimar el conocimiento científico, favoreciendo con su desinformación interesada la animadversión hacia ciertas minorías. Iker fomenta miedo y desconfianza al promover teorías que acentúan la polarización social.

Los temas que aborda suelen entrelazarse con discursos xenófobos, racistas y machistas, favoreciendo que los extremistas extiendan su odio por las redes sociales. Detrás de estos relatos se ocultan intereses ideológicos, cuando menos antidemocráticos. En realidad, Iker Jiménez se encuentra cómodo con personajes afines a la extrema derecha. Este comunicador de experiencias espirituales y fantasmales se nos revela como el apoyo de un verdadero y peligroso club mediático nazi, cuyos invitados son presentados, pese a su extremismo ideológico, como «expertos en seguridad» o «héroes».

PRIMERA PARTE

MISTERIOS, MIEDOS Y MANIPULADORES

1

Van ganando

«*Tenemos razón, tenemos muchas más razones que los que defienden hoy una moda dominante… Están ganando aquellos que defienden la verdad de la creación frente al relato de la evolución y por eso nosotros no tenemos que tener ningún temor. Estamos ganando, a pesar de que la moda dominante siga rabiosa y enfadada con nosotros.*

Nosotros estamos señalando el corazón del debate del mundo occidental, por tanto no debe sorprendernos que nos llamen fundamentalistas y ultras…»

JAIME MAYOR OREJA
(EN EL SENADO, DICIEMBRE DE 2024)

¿Qué edad tiene la Tierra? Para esta pregunta tan complicada, el arzobispo **James Ussher** (1581-1656) encontró una respuesta muy simple: «*Dios creó el mundo a la entrada de la noche anterior al día 23 de octubre del año 4004 antes de Cristo*», es decir, sobre las 6 de la tarde del 22 de octubre del 4004 a. C., lo que claramente contradice los datos científicos que establecen que la edad de nuestro planeta es de 4.540 millones de años. Ussher pensó que, como la Biblia no puede contener errores ni faltas, siguiendo una interpretación literal del Génesis podía precisarse la fecha exacta de la creación.

Durante gran parte del siglo XX, en el Estado norteamericano de Tennessee, estuvo vigente la llamada **Ley Butler**, que, literalmente, decía: «*Se prohíbe la enseñanza de cualquier teoría que niegue la historia de la Divina Creación del hombre tal como se encuentra explicada en la Biblia, y reemplazarla por la enseñanza de que el hombre proviene de un orden de animales inferiores*».

En 1925, un profesor de secundaria llamado **John Scopes** (1900-1970) puso a prueba esa ley en el conocido «Juicio del Mono», donde se enfrentaron el creacionismo bíblico y el evolucionismo científico. No estábamos en la Edad Media. Ese mismo año, el físico **Erwin Schrödinger** (1887-1961) desarrolló la ecuación que permitiría a los físicos entender la mecánica cuántica. Veinte años antes, **Einstein** (1879-1955) había publicado su teoría de la relatividad.

De nada sirvió el apoyo que recibió John Scopes de numerosos científicos que testificaron a su favor, ni que su defensa la llevase el prestigioso abogado **Clarence Darrow** (1857-1938). Al menos se puso en evidencia ante la opinión pública que no podía aceptarse una interpretación literal de la Biblia, así como la necesidad de actualizar y enseñar en los centros educativos las teorías científicas. A pesar de que el fundamentalismo quedó desprestigiado, la Ley Butler se mantuvo vigente hasta 1967. *«¡Enseñadles que descienden de un simio y acabarán convirtiéndose en monos»*, decían los defensores de la ley. En 1968 se estrenó la película *El planeta de los simios,* protagonizada por Charlton Heston (1923-2008).

La teoría de la evolución por selección natural, propuesta por **Charles Darwin** (1809-1882) en 1859, es uno de los pilares fundamentales de la biología moderna, avalada por innumerables evidencias provenientes de disciplinas como la genética, la paleontología, la bioquímica y la embriología. Sin embargo, a pesar de su solidez científica, la teoría evolutiva continúa siendo objeto de ataques por parte de grupos fundamentalistas religiosos en pleno siglo XXI, de los que forma parte el exministro ultraconservador **Mayor Oreja**, que promueve el creacionismo, es decir, la interpretación literal del Antiguo Testamento.

Darwin estableció que las especies evolucionan a través de la selección natural, un proceso en el cual los individuos con características más adaptativas tienen mayor probabilidad de sobrevivir y reproducirse, transmitiendo sus peculiaridades a las siguientes generaciones. El llamado «diseño inteligente» no es más que el disfraz en forma de lenguaje pseudocientífico a favor de la existencia de una Inteligencia Creadora Universal, una evolución guiada por la divinidad según ultraconservadores y fundamentalistas, anteponiendo dogmas religiosos a evidencias científicas.

Pero lo escandaloso del apoyo de estas ideas por figuras públicas es que reflejan un fenómeno más amplio: la politización de la ciencia. El rechazo en pleno siglo XXI de la evolución de las especies forma parte de un discurso que desacredita la investigación científica en favor de interpretaciones ideológicas o religiosas. Temen que el darwinismo socave la base moral o cultural de sus creencias.

Este rechazo no ocurre en un vacío intelectual, está vinculado a movimientos políticos que buscan reafirmar el fundamentalismo conservador frente a cambios sociales demandados por la colectividad. Gente como Mayor Oreja encuentra en estas posturas una manera de articular los discursos de la ultraderecha cristiana, que abarca asuntos como la educación sexual integral o el cambio climático.

Se hace necesario defender la enseñanza de la ciencia basada en la evidencia y, sobre todo, combatir la desinformación. Aceptar la teoría evolutiva supone todo un símbolo de la capacidad humana para cuestionar, investigar y comprender el mundo. Rechazar las ideas de Darwin no es simplemente un acto de fe, sino un obstáculo para el progreso y una negación de los avances que nos han permitido combatir enfermedades, comprender nuestra biología y enfrentar desafíos globales. Estamos ante una batalla más amplia, entre la evidencia científica y las agendas ideológicas de grupos ultraconservadores. Si de verdad queremos una sociedad más informada y resiliente, es crucial reafirmar la importancia del método científico y una educación basada en hechos y no en creencias.

Pero resucitar ahora controversias más propias del siglo XIX está relacionado con lo que podemos llamar «la industria de las *fake news* o noticias falsas». Es un fenómeno complejo que ha crecido rápidamente en los últimos años, impulsado por el auge de las redes sociales, la alta demanda de contenido viral y la creciente polarización política y social. Más allá de simples rumores o información incorrecta, esta «industria» se refiere a un ecosistema estructurado y profesionalizado, donde individuos y grupos generan, amplifican y distribuyen información falsa o manipulada con propósitos específicos. Los objetivos abarcan desde el lucro económico, la manipulación política, el control social o incluso el simple entretenimiento conocido como *trolling*.

Las *fake news* se monetizan fácilmente mediante publicidad. Los sitios que publican noticias falsas generan ingresos significativos a través de clics y visitas. Las noticias sensacionalistas, que apelan a las emociones y a la indignación, son muy virales, lo que maximiza los ingresos publicitarios por cada visita o interacción. Un caso famoso fue el de los adolescentes en Macedonia que creaban titulares falsos y sensacionalistas sobre las elecciones de 2016 en Estados Unidos, obteniendo miles de dólares en un solo día. Y es que la figura de **Donald Trump** (1946) da mucho juego. Solo hay que buscar una declaración del líder republicano y modificarla para hacerla más escandalosa aún, lo que asegura que muchos de sus votantes harán clic para leerla.

Seguidores de Donald Trump durante el juramento presidencial (20 de enero de 2025). Parecería que están ante una aparición mariana o presenciando la venida de Cristo.

2

Entre el susurro de Dios
y la sombra de la superstición

Desde tiempos inmemoriales, el ser humano ha levantado la vista al cielo en busca de respuestas. En las tormentas vio la furia de los dioses; en la sequía, su castigo, y en la abundancia, su bendición. Necesitado de certezas en un mundo impredecible, el hombre creó dioses a su imagen y semejanza, dioses que protegieran su cosecha, su hogar y su destino. Así nacieron los templos, los ritos, las plegarias y la superstición, esa creencia irracional de que ciertos eventos o acciones tienen la capacidad de influir en la suerte o el destino.

Hoy, en pleno siglo XXI, la ciencia nos ha revelado los secretos del cosmos, ha descifrado la edad del universo y ha descorrido el velo de los mitos. Sabemos que la lluvia, por ejemplo, no llega por intercesión de un santo, sino por complejas dinámicas atmosféricas bien estudiadas por los meteorólogos que se basan en una amplia recopilación de datos como temperatura, presión atmosférica, viento, humedad y precipitaciones, con datos objetivos de boyas, globos, radares, satélites y estaciones meteorológicas. La Tierra no es el centro de la creación, sino un minúsculo punto en la inmensidad; sin embargo, la superstición no desaparece: solo ha cambiado el rostro. Sigue especialmente viva en quienes niegan la crisis climática, porque su dogma les dicta que el hombre no puede alterar lo que Dios ha creado. Persiste en aquellos que desconfían de la ciencia y prefieren creer en conspiraciones antes que en datos verificables.

La historia de las relaciones entre la Iglesia y el desarrollo científico a lo largo de los siglos ha sido muy compleja. Tras un período inicial de desconfianza debido al origen pagano de la ciencia, la Iglesia la terminó aceptando como una rama auxiliar de la teología bajo la influencia de San Agustín. El conocimiento estaba supeditado a la censura eclesiástica, enfrentando duras represalias si ponían en tela de juicio algún dogma religioso. Aunque la historia muestra que tarde o temprano la verdad científica acaba imponiéndose, lo hace casi siempre a un precio devastador: humano, cultural y moral.

Hoy presenciamos un fenómeno no menos inquietante: el auge de movimientos que, desde la desconfianza hacia la ciencia, abrazan y promueven activamente las pseudociencias, el negacionismo climático, la antivacunación o teorías conspirativas sin fundamento empírico alguno. Una nueva oleada de irracionalismo, que a veces encuentra apoyo en la Iglesia, conforma una peligrosa combinación de desinformación, reacción ideológica y búsqueda de certezas simples en un mundo complejo.

Hasta las matemáticas, que por su naturaleza abstracta gozaban de una cierta autonomía, fueron eventualmente objeto de controversia cuando figuras como Copérnico utilizaron modelos matemáticos para proponer que la Tierra gira sobre sí misma.

En 1633, la condena de Galilei por el Santo Oficio marcó un antes y un después. Hasta 1982, Juan Pablo II no expresó el arrepentimiento de la Iglesia por esta condena. Durante estos trescientos cincuenta años, la Iglesia fue perdiendo paulatinamente el control sobre la evolución de las ciencias, casi siempre llegando tarde para adaptarse a los avances científicos y a las nuevas teorías. Tras censurar los movimientos de la Tierra, condenó la física mecanicista de Descartes; el atomismo de los filósofos griegos Leucipo y Demócrito, desarrollado dos mil años atrás; el darwinismo, la geología y la Prehistoria por contradecir la cronología bíblica.

En 1907, el papa Pío X condenó lo que consideraba la herejía modernista, instaurando desde 1910 un juramento al que estaba obligado todo el clero. Dicho juramento estuvo vigente hasta 1967 y decía, entre otras cosas: *«Condeno y rechazo la opinión de aquellos que dicen que un cristiano bien educado asume una doble personalidad, la de un creyente y, al mismo tiempo, la de un historiador, como si fuera permisible para un historiador sostener cosas que contradigan la fe del creyente, o establecer premisas, las cuales, provisto que no haya una negación directa de los dogmas, llevarían a la conclusión de que los dogmas son o bien falsos, o bien dudosos».*

En Alemania se produjeron grandes protestas por el atentado a la libertad científica. Tan solo los profesores universitarios, a petición de los obispos, no estuvieron sometidos a este juramento. Los supuestos errores del mundo moderno partían de la negación de lo sobrenatural, la fe en la razón o la negación del pecado original.

A mediados del siglo XX, Pío XII expresó su avenencia con los científicos, pero continuaban las diferencias a propósito del origen del hombre. En 1962, la Iglesia condenó por supuestas ambigüedades y errores doctrinales al jesuita y paleontólogo **Teilhard de Chardin** (1881-1955), uno de los descubridores del llamado «hombre fósil de Pekín», subespecie del *Homo erectus,* considerado en su momento el «eslabón perdido» y que justificaría por lo tanto la teoría de la evolución.

Réplica de un cráneo de Homo erectus pekinensis. *El original se perdió en 1941.*

Es justo en las sociedades más avanzadas científicamente donde el número de ateos ha crecido, mientras que en aquellos lugares donde la incertidumbre aún domina, la fe sigue siendo el refugio contra el miedo. La religión se ha convertido para muchos en un obstáculo para comprender la realidad. Y la historia se repite: así como la Iglesia combatió a Galileo Galilei por desafiar la cosmología divina, hoy sectores religiosos se oponen a la evidencia científica sobre el cambio climático, la biología o la historia.

¿Es la religión, entonces, solo una superstición refinada, envuelta en dogma y ritual? ¿O hay algo más en la persistencia de estas creencias? Tal vez, al analizar la fe y la superstición como dos caras de la misma moneda, podamos comprender por qué en un mundo gobernado por la razón aún quedan quienes siguen elevando plegarias para pedir la lluvia en lugar de escuchar a los meteorólogos. La ultraderecha no duda en explotar la religión para sus fines ultraconservadores.

Marco Rubio, secretario de Estado y jefe de la diplomacia norteamericana durante una entrevista el Miércoles de Ceniza para Fox News, mezclando sin ningún pudor la fe con su papel de funcionario público.

En el Antiguo Testamento, las enfermedades son pruebas o castigos divinos enviados y permitidos por Yahvé. Dios o alguno de sus ángeles dañan a los humanos, por ejemplo, mediante plagas (Levítico 26,16; 2 Samuel 24,25). La curación, en cambio, se favorece mediante sacrificios, ayunos, oraciones, amuletos y otros métodos supersticiosos. Demonios, malos espíritus o entes del mundo subterráneo (Seol o Hades) son los causantes de los males (Job 2,7; Samuel 16,14; Oseas 13,14).

Los augurios y presagios del pasado son hoy día las teorías de la conspiración y las pseudociencias, que resurgen no en una época de oscuridad, sino en el momento de mayor acceso a la información en la historia. Vivimos en la era de la ciencia, pero también en la era de la desinformación. Ahora que tenemos acceso a la explicación del cambio climático, los virus o la evolución del universo, un número creciente de personas elige desconfiar de la evidencia y refugiarse en narrativas alternativas alimentadas por intereses políticos. Es en este escenario donde las ultraderechas globales han encontrado un terreno fértil: utilizando la religión como herramienta de legitimación, han logrado atraer a sectores tradicionalistas, promoviendo un discurso que mezcla fe, identidad nacional y desconfianza hacia el conocimiento académico.

Aunque muchos creyentes están comprometidos con la justicia social y la defensa de la verdad científica, los movimientos reaccionarios han aprendido que la religión, cuando se combina con el miedo al cambio, pueden convertirse en poderosos aliados. Así, lo que comienza como un sentimiento de arraigo cultural se transforma en plataforma negacionista que desconfía de la ciencia y propaga teorías sobre élites ocultas que controlan el mundo. Este resurgimiento de las pseudociencias y las *fake news* forman parte de una estrategia más amplia de erosión de la verdad. En tiempos donde los hechos deberían ser nuestra mejor brújula, la ultraderecha global ha comprendido que la posverdad es un arma política más poderosa que cualquier argumento racional. Y en esa lucha por el relato, superstición, conspiranoia y desinformación se han confederado.

3

Arte para todos

«Natividad con San Francisco de Asís y San Lorenzo», obra de Caravaggio, en la actualidad en paradero desconocido. Su robo en Palermo en 1969 fue denunciado por Peter Watson en su libro The Caravaggio Conspiracy.

Allá por el año 2005, conocimos el llamado caso Malaya, histórica operación contra la corrupción urbanística en Marbella que permitió destapar numerosas actividades delictivas: malversación de caudales públicos, cohecho, prevaricación y tráfico de influencias.

Durante su campaña para las elecciones de 1991, **Jesús Gil** (1933-2004) afirmaba que iba a «limpiar Marbella de prostitutas, maricones y drogadictos». Después de tres mayorías absolutas del grupo GIL, el Ayuntamiento de Marbella estaba tan «limpio» que no quedaba ni papel higiénico en los baños. Solo entre 1991 y 1995, Jesús Gil malversó 4.442 millones de pesetas que transfería directamente a sus cuentas bancarias. Para el 2002, seis de sus colaboradores estaban encarcelados: habían creado una sociedad mafiosa pensada específicamente para saquear y depredar a la ciudad.

Uno de los mafiosos era **Juan Antonio Roca** (1953), gerente de Urbanismo del ayuntamiento marbellí. Considerado por los jueces cabecilla de la trama, invertía el dinero de los impuestos municipales en coches de lujo, propiedades inmobiliarias y obras de arte. Su exhibicionismo hortera de nuevo rico lo llevó a colgar una obra de Miró en un cuarto de baño de una de sus múltiples residencias.

«Barcelona 1972-1973» de Joan Miró. Obra a juego con el jacuzzi de Roca.

El historiador y periodista **Peter Watson** (1943) investigó el comercio internacional de obras de arte robadas y el asunto de las falsificaciones. Si lo pensamos bien, una obra de arte robada nos afecta a todos. Imaginemos entrar al Museo del Prado y saber que *Las Meninas* o *El Jardín de las Delicias* ya no están, porque un millonario caprichoso ha decidido instalarlas en el sótano de su mansión o en su baño para deleitarse mientras defeca.

Con más de ochenta años, Peter Watson sigue siendo un hombre inquieto. Historiador, periodista e investigador, se doctoró en Psicología muy joven, pero abandonó la profesión por desconfianza hacia las teorías freudianas. Se lanzó entonces al periodismo, trabajando para *The Sunday Times*, periódico conservador distribuido en el Reino Unido y en la República de Irlanda. Su jefe **Rupert Murdoch** (1931) es dueño a sus noventa y cinco años de un vasto imperio mediático a través de su empresa News Corp. Es propietario de cientos de editoriales en todo el mundo y principal accionista de las compañías Fox News, The Sun, The Times, cadenas de televisión como Fox, Sky y un largo etcétera. Fox News Channel (FNC) es el canal de televisión y el sitio web de su propiedad conocido por su conservadurismo y sus mentiras.

Por desgracia es la cadena de noticias más vista en Estados Unidos, mientras que sus transmisiones internacionales alcanzan a 86 países. Sus «telediarios» incluyen informes falsos y tendenciosos a favor de causas conservadoras y políticos del Partido Republicano. Acusan al Partido Demócrata de ser muy próximo al comunismo, ofreciendo malas opiniones de cualquier aspecto social mínimamente progresista. Su modelo de negocio es la mentira mediática, motivo por el que tuvieron que pagar —tras un acuerdo extrajudicial— más de 787 millones de dólares a la empresa Dominion Voting Systems, al probarse su difamación sobre los resultados electorales de 2020, que ganó

Joe Biden (1942). La derrota ese año de Donald Trump hizo que la audiencia de Fox News cayera en picado. Para recuperar la audiencia perdida, expandieron el bulo del robo electoral. Fox News difundió que Dominion Voting Systems era una compañía fundada por **Hugo Chávez** (1954-2013), y que habían diseñado un *software* con la ayuda de un servidor de internet en Italia que pasaba los votos de Trump a Biden. Rupert Murdoch y su segundo hijo **Lachlan** (1971) eran conscientes de la falsedad del bulo. La empresa Dominion Voting Systems, que era la encargada de contar los votos, los denunció. El presidente de Fox News admitió entonces que sus presentadores *«fueron demasiado lejos en la defensa del fraude electoral».*

La utilización sistemática de la mentira como fuente de información consigue cuantiosos beneficios y un estímulo para seguir con su política desinformativa. Rupert Murdoch ha tratado de favorecer sus posiciones políticas, aun saltándose la legalidad. Acusado de actividades monopolísticas o de usar paraísos fiscales, solo en 2011 tuvo varias denuncias por la intervención de teléfonos de personas particulares, entre otros, los de los príncipes Enrique y William, hijos de Lady Di, o el del parlamentario laborista británico Tom Watson. El escándalo puso de manifiesto que unas 1.300 personas tuvieron pinchados sus teléfonos y fueron seguidas por detectives privados, entre otras ilegalidades; se ha sabido que muchos de los casos se saldaron mediante acuerdos extrajudiciales, entre ellos, los del actor **Hugh Grant** o **William**, el príncipe de Gales. La Policía investigó casos de soborno y corrupción en relación a algunas de sus compañías. El periodista **Michael Wolff**, en una biografía de Rupert Murdoch, lo llamó «el dueño de las noticias». Es conocido el hermético apoyo que Donald Trump ha recibido de Fox News en sus campañas electorales, nutriendo y extendiendo sus bulos.

Las mentiras tienen consecuencias, ya que dañan la confianza pública en las elecciones democráticas.

Uno de sus empleados más destacados es nuestro conocido **José María Aznar**, quien abandonó su puesto como consejero de Estado en el 2006 por ser incompatible con el cargo en el Consejo de Administración de News Corporation, donde, según dijeron: *«Aporta conocimiento, experiencia y una perspectiva internacional, proporcionando una valiosa visión en asuntos políticos y gubernamentales de todo el mundo… Tiene un conocimiento único y profundo de varios de los países en los que la compañía opera».* Aunque sabemos que con respecto a Irak no tenía ni idea. Además de presidente de la Fundación para el Análisis y los Estudios Sociales (FAES), es consejero de Afiniti Ltd, empresa de inteligencia artificial cuyo negocio en España dirige su hijo menor, **Alonso Aznar Botella** (1988), a través de una sociedad en el paraíso fiscal de Bermudas, donde no se paga impuesto de sociedades. La ONG Oxfam Intermón considera a Bermudas como el paraíso fiscal más agresivo del mundo.

4

Gusanos, calentamiento global, las caras de Bélmez y miles de desaparecidos en Valencia

Lluvia de gusanos

«¿Por qué llueven gusanos en China?», se preguntaba **Iker Jiménez** en su programa *Cuarto Milenio*. *«La gente de Liaoning tiene que usar paraguas para refugiarse de los gusanos»*, nos decía.

Flores de álamo blanco

Solo con una pequeña búsqueda en Internet pude saber que, en realidad, los supuestos gusanos no eran más que flores de álamo blanco, una variedad muy común en ciertas zonas de China que, al mojarse con la lluvia, parecen gusanos en movimiento. Pero claro, para Iker Jiménez, donde esté una buena lluvia de orugas que se quiten las flores del álamo blanco.

CALENTAMIENTO GLOBAL

Los registros de temperatura de nuestro planeta no dejan lugar a dudas sobre el calentamiento global. Las evidencias científicas son incontestables: la Tierra se calienta ahora más rápido que en cualquier otro momento histórico. Ha sido así desde 1850; sin embargo, Iker Jiménez da cobertura en sus tertulias a pseudo-científicos que lo ponen en duda sin aportar pruebas serias.

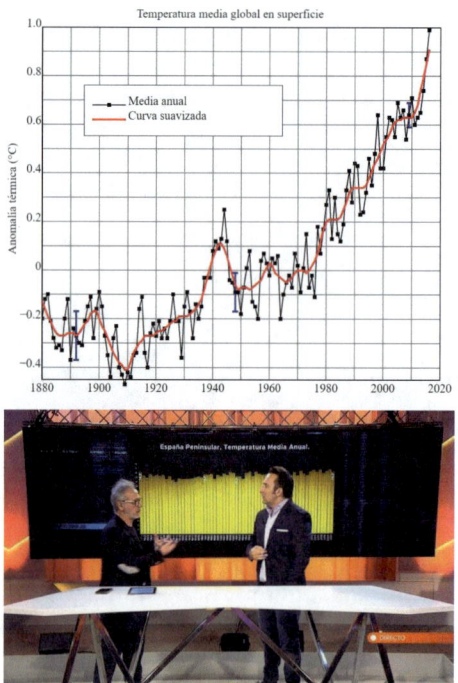

El gráfico de la imagen indica claramente el incremento registrado en la temperatura de nuestro planeta desde el siglo XIX. Por contra, el que en su día presentó Iker Jiménez en su programa es engañoso, porque la escala de barras no es la más adecuada, ya que impide apreciar los detalles cuando la diferencia de temperaturas es inferior a 3 °C.

En este sentido, Verificat, organización dedicada al *fact-cheking,* escribió lo siguiente en su cuenta de Twitter: «*Iker Jiménez y sus colaboradores lanzaron durante la emisión del programa Horizonte de Cuatro mensajes falsos y engañosos sobre el cambio climático, sus causas y sus efectos*».

Sugerir que la temperatura media de España no ha aumentado en las últimas décadas es solo un ejemplo de información engañosa en los programas de Iker. La evidencia científica confirma sin lugar a dudas el incremento, pero se coló como quien no quiere la cosa: «*El consenso científico sobre el cambio climático antropogénico no existe*».

Entendemos por cambio climático antropogénico la alteración de los climas de la Tierra por sobrecalentamiento causado al acumularse en la atmósfera los gases que emitimos cuando los humanos quemamos combustibles fósiles (carbón, petróleo y gas). Para la comunidad científica mundial, representada por el IPCC (Grupo Intergubernamental de Expertos sobre el Cambio Climático), ya no existen dudas sobre su consistencia, aunque desde algunas tribunas interese contemplar este asunto como un tema controversial. Por cierto, que el IPCC, que inició su labor en 1988, recibió el Premio Nobel de la Paz en 2007 por sus trabajos en materia de cambio climático. Igual Iker Jiménez podría invitar a su programa a algún experto de este grupo. ¿Qué tiene que perder? El cambio climático no es un asunto baladí; tiene que ver con la desertificación, la degradación de las tierras, la gestión sostenible de las mismas, la seguridad alimentaria y los flujos de gases de efecto invernadero en los ecosistemas terrestres.

Otra mentira: *«La teoría del CO_2 no está probada»*. Los expertos ya han señalado la relación entre el CO_2, el efecto invernadero y el aumento de la temperatura del planeta.

Una mentira más: *«El principal gas de efecto invernadero es el vapor de agua»*. Es cierto que el vapor de agua tiende a absorber más cantidad de energía infrarroja que el CO_2, pero para los científicos no quedan dudas de que en el exceso de emisiones de CO_2 está el origen del cambio climático.

La última: *«El planeta está cada vez más verde. El CO_2 es el gas de la vida»*. Aunque el CO_2 puede favorecer el crecimiento de las plantas, un exceso de emisiones altera las temperaturas y produce un impacto indudable en los ecosistemas del planeta, porque tiene la capacidad de absorber el calor derivado de la superficie de la Tierra, aumentando así la temperatura.

LAS CARAS DE BÉLMEZ

Cara conocida como la Pava.

En una casa particular del pueblo de Bélmez de la Moraleda (Jaén), en el suelo de la cocina, aparecieron en 1971 unos supuestos rostros fantasmagóricos, aunque poco después, un informe del diario *Pueblo* demostró que las caras habían sido pintadas con sales de plata; se difundieron por todo el mundo, convirtiéndose en un fenómeno sociológico. Debido a la gran afluencia de curiosos, los dueños de la casa comenzaron a cobrar una entrada por la visita y a vender fotos de los rostros.

En 1971, Iker Jiménez ni siquiera había nacido, pero, años después, cuando tuvo la oportunidad de abordar la cuestión en su programa *Cuarto Milenio*, transformó un supuesto asunto de fantasmas en una fantasmada. Por cierto, que María, la dueña de la casa, estaba feliz formando parte de la noticia, cuando quizá esperaríamos que estuviese aterrada. Se llegó a hablar de milagro, porque la cara podía ser la faz de Jesucristo. Algunos la calificaron como «el mayor enigma paranormal de todos los tiempos».

Primera aparición en prensa de las caras de Bélmez en 1971.

Parapsicólogos, médiums y muchos «investigadores de lo paranormal» colaboraron en convertir las caras en un acontecimiento enigmático. Se realizaron sesiones de güija, radiestesia, grabaciones de psicofonías, hipnosis, etc. Fueron muchos los que pretendieron sacar tajada del asunto. Iker Jiménez rescató el caso décadas después, llegando a relacionar las caras de Bélmez con la muerte violenta de algunos familiares de María durante la guerra civil española, una historia entre macabra y misteriosa, donde los «malos asesinos» eran los republicanos. María, incluso, fue sometida a una sesión de hipnosis. Se llegó a encontrar parecido en una de las caras con el mismísimo **Francisco Franco** (1892-1975). Desde 2013, existe un centro de interpretación de las caras financiado con fondos de la Unión Europea y que forma parte ya del llamado turismo oscuro o tanoturismo, un tipo de turismo para quienes deseen visitar lugares asociados con la muerte, el sufrimiento y lo macabro (guerras, cementerios, desastres naturales, fantasmas, antiguas cárceles, toda una mezcla de muerte, horror y misterio). En sus inicios, el fenómeno de las caras propició un flujo de visitantes motivado por el fervor religioso, ya que algunos encontraron parecido entre las caras y el Señor de la Vida (patrón de Bélmez de la Moraleda), o con la imagen del Santo Rostro venerada en la catedral de Jaén, lo que dio lugar a pequeñas pero crecientes peregrinaciones al número 5 de la calle Rodríguez Acosta, así como el comercio de fotografías de los rostros. Todos querían ver tan extraño fenómeno. María declaró en una entrevista: *«Yo no sé si es un santo o un demonio»*.

El Santo Rostro   *La Pava*   *El Señor de la Vida*

El municipio de Bélmez de la Moraleda lo utilizó como fuente de ingresos a través de la promoción turística, pues esta localidad tiene una de las rentas per cápita más bajas de España.

El caminante de Boisaca

Boisaca es un barrio situado al norte de la ciudad de Santiago de Compostela, donde destaca su enorme cementerio con unas 12.000 plazas. Allí están enterrados entre otros el dramaturgo y novelista **Ramón María del Valle-Inclán** (1866-1936) o el poeta **Aurelio Aguirre** (1833-1858), ambos gallegos.

El 5 de mayo de 1988, un tren que acababa de salir de Santiago destrozó a un joven que vagaba por las vías de espaldas al expreso; no atendió a los silbatos con los que el maquinista trató de avisarlo. Tras el accidente, no hubo forma de identificar a la víctima: no llevaba documentación alguna, ni existía registro de sus huellas dactilares en los archivos policiales.

Este caso, un tanto enigmático, en manos de Iker Jiménez se convirtió en motivo de especulación, alimentó su imaginación hasta transformar el suceso en un fenómeno paranormal. Propuso la hipótesis de que el fallecido *«sería un viajero del tiempo»* y así lo publicó en su libro *Enigmas sin resolver*. En su programa *Cuarto Milenio*, recreó el suceso, aportando como prueba que el joven actuó *«como si nunca hubiese visto un tren, como si viniese de otro tiempo o de un mundo distinto»*. Otra teoría plausible para Iker: ¿y si fuera un alien? *«Tenía una cabeza muy voluminosa y las orejas absolutamente planas, rotadas hacia adelante y sin pliegue alguno en el pabellón auditivo externo»*. Por si faltaban más detalles afirmaba que «prestigiosos psiquiatras» (por supuesto sin dar nombres) opinaban tras ver las fotografías del rostro deformado por el accidente que *«sus rasgos eran propios de enfermos psíquicos profundos»* (igual esperaba que tras el arrollamiento de un tren, el rostro del joven conservase las simetrías de Leonardo DiCaprio recién maquillado para *Titanic)*.

Por rizar el rizo, su colaborador, el forense **José Cabrera** (1956), argumentó al ver el retrato robot: *«Da la sensación de un retraso mental congénito»,* dando a entender que podría tratarse de un deficiente mental escapado del manicomio.

Varios años más tarde, la Policía pudo por fin identificar el cadáver. Se trataba de **Óscar Ortega** (1966-1988), un joven normal y corriente, que estaba preparando unas oposiciones a la Seguridad Social.

EL COSMONAUTA FANTASMA

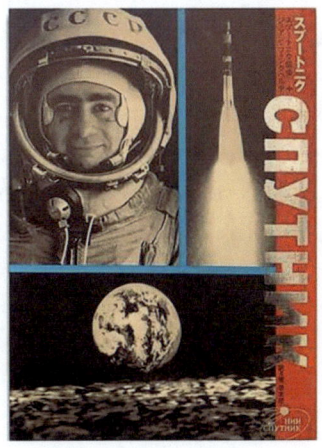

En 2006, Iker Jiménez presentó en *Cuarto Milenio* la increíble historia de **Iván Istonichkov**, un cosmonauta ruso lanzado al espacio en 1968 en plena carrera espacial entre rusos y norteamericanos por la conquista de la Luna. Al cosmonauta en la nave Soyuz-2 lo acompañaba Kloka (una perrita). Por desgracia, ambos murieron en el espacio, pero las autoridades soviéticas ocultaron los hechos, porque la noticia daba muy mala imagen para la URSS. Simplemente dijeron que la nave no estaba tripulada y borraron la imagen de Istonichkov de cualquier fotografía, amenazaron a los que conocían la verdad para que no hablaran e incluso desterraron a Siberia a la familia del cosmonauta.

Iker dijo: «*Esta noche voy a presentarles el caso de un hombre al que la Unión Soviética quiso apartar de la historia de un plumazo. Vamos a hacerle un homenaje merecido*». Todo muy interesante, salvo que la totalidad de la historia fue inventada por el profesor de la Universidad Pompeu Fabra, **Joan Fontcuberta**; de hecho, Iván Istonichkov es la traducción literal al ruso del nombre del docente catalán. Además, en el libro que publicó se advertía de que toda la historia era pura ficción. Incluso la cara del cosmonauta es la de Fontcuberta.

A pesar de ello, Iker Jiménez presentó como cierta la trama con la ayuda de uno de sus colaboradores. «*¡Estoy alucinando!*», dijo Fontcuberta cuando se enteró del despropósito de Iker Jiménez. Tuvieron que ser los propios espectadores quienes sacaron a Iker de su error.

MILES DE DESAPARECIDOS EN VALENCIA

La gran pasión de Iker Jiménez siempre fueron los fenómenos paranormales. Comenzó en la radio con un programa llamado *La otra dimensión*, un joven Iker con grandes cualidades para la comunicación de «*supuestos expedientes X que desde el Poder se obstinan en mantener en secreto*». Su talento para mezclar información con especulación es indudable, asuntos entre la suspicacia y la inventiva que lo llevaron a triunfar en la radio y, posteriormente, en televisión con su particular Nave del Misterio.

Pero una cosa es contar cuentos chinos y otra muy distinta jugar con los sentimientos y emociones de ilusos espectadores, usando para ello información falsa extraída de la mayor calamidad acontecida en nuestro país en lo que va de siglo. Pocos días después de la catastrófica dana valenciana, durante su programa *Horizonte,* dio como plausible una información basada en una supuesta conversación que escuchó un cámara que estaba en Paiporta, donde dos guardias civiles decían que el *parking* del centro comercial Bonaire era un infierno. Explicó cómo submarinistas de la Guardia Civil habían entrado y certificado una realidad solo conocida por Iker Jiménez y sus colaboradores. Acusaban al Gobierno de maquillar la realidad de la catástrofe. Menos mal que ahí estaba Iker para desvelarnos la triste realidad.

En su programa se dijo: «*Entraban los buzos en el parking del Bonaire y prácticamente recibían asistencia psicológica y uno decía que lo que hay en el parking debajo del agua es un cementerio*».

Mensajes publicados por Iker Jiménez en X durante la madrugada del 3 de noviembre de 2024.

Milenio facha: cuando el misterio se afilia

En otro momento del programa se escucha: «*Amigos, esto es increíble, están tirando a un vertedero toda la ropa que habéis donado para Valencia, concretamente al municipio de Alfafar*».
Todo esto forma parte de una auténtico consorcio de la extrema derecha en las redes sociales, vomitando cada uno las mentiras que puede, dudando siempre de las versiones oficiales, dando a entender que desde el Gobierno de España no se está haciendo nada, que «solo el pueblo salva al pueblo». Ese eslogan del que se han apropiado para convertirse en protagonistas de la gran cantidad de voluntarios que hemos visto en los informativos acudiendo en masa a las zonas afectadas por las inundaciones, como diciendo que la ayuda que recibe Valencia proviene de los grupos de la derecha política, los patriotas, mientras la izquierda pierde el tiempo protestando por asuntos irrelevantes y banales.

Existía miedo real a que lo del *parking* de Bonaire fuese cierto; de hecho, *influencers* y comunicadores como Iker Jiménez ya lo confirmaban. Cuanto mayor fuese la catástrofe, mejor para los índices de audiencia de su programa. Supuestamente, estos líderes de la comunicación de la ultraderecha se vanagloriaban por tener amigos militares, guardias civiles o bomberos. Quizá, por ello, la dana valenciana ha sido un ejemplo sublime de desinformación provocada, conducida y amañada desde un extremismo radical fascistoide. Son los mismos que nos han informado de fallecidos tirados por las calles, supuestos brotes de cólera, o transporte de cientos de cadáveres en camiones frigoríficos a no se sabe dónde.

En el caso de Iker Jiménez, la exageración de las noticias que nos llegaban de Valencia supone facilitar un interesado mensaje político de inestabilidad y falsa percepción de que la democracia no responde a los intereses de la ciudadanía, de la confirmación de que España es un Estado fallido, que los políticos no son de fiar (sobre todo, los de izquierda). La presencia de dos militares en el programa sugería que tanto ese problema como otros que enfrentamos podrían resolverse fácilmente mediante una intervención castrense. Se trata de añadir dolor al dolor, miedo al miedo, convertir su *show* en protagonista, aun a costa de crispar el ambiente. Todo vale con tal de incrementar la audiencia.

Se desató al mismo tiempo una campaña contra la Cruz Roja, según la cual, casi la totalidad de las donaciones a la ONG se utiliza para pagar a sus directivos o para regalar mantas a inmigrantes africanos en edad militar.

¿Cuál es la verdadera responsabilidad de Iker Jiménez en este asunto? Desde su programa *Horizonte,* concebido en teoría como un espacio de divulgación científica, ya durante la pandemia de Covid-19 se le vio el plumero, acogiendo a colaboradores que no aportaban evidencias científicas, aceptando como ciertas teorías conspiranoicas. Ahora mismo funciona claramente como un portal para agitadores ultras presentados como expertos.

En su programa se calificó de milonga «toda esa historia del fascismo y el racismo». Se criticó la Ley Trans. Uno de sus colaboradores, refiriéndose a la situación actual del pueblo palestino, dijo literalmente: *«Todo alrededor de Israel son terroristas y basura humana que debería ser exterminada».*

Horizonte acoge otras teorías como la del gran reemplazo, que viene a decir que la población blanca y cristiana de Europa terminará siendo reemplazada por árabes y otros pueblos norteafricanos y subsaharianos mediante la inmigración masiva y su mayor crecimiento demográfico frente a una disminución en la tasa de natalidad europea. Hasta la Unión Europea dirige un complot para conseguir el «genocidio blanco».

Pero lo de la dana ha superado todos los límites. Algunas veces, Iker no se atreve a decir según qué cosas, aunque sabe a quién invitar para que consten. Menos mal que la realidad es que no había ningún cadáver en ese *parking;* sin embargo, muchos de sus seguidores jurarían que el Gobierno con su inmenso poder no solo los ha encubierto, sino que ha obligado a los médicos, jueces, militares, bomberos y cuerpos de seguridad del Estado a guardar silencio y hacer desaparecer esos supuestos cientos, incluso miles, de fallecidos.

Uno de sus colaboradores habituales, el coronel **Pedro Baños** (1960), se atrevió a decir que la agresión que sufrió **Pedro Sánchez** (1972) durante su visita al lugar de la catástrofe podía ser una estrategia del PSOE; otro participante frecuente, un policía condenado varias veces por difundir bulos, dijo que había órdenes policiales para impedirles trabajar; otro conocido colaborador fue pillado manchándose de barro para aparentar una mayor implicación personal en la catástrofe valenciana. A este, Iker tuvo que despedirlo. ¡Como para fiarnos…!

5

Güija, médiums y espiritismo contra la ciencia

Tablero de güija utilizado en 1891.

La güija, también conocida como «tablero parlante», no es más que una plancha de madera donde están representadas las letras del abecedario, los números y, a veces, palabras o frases adicionales para, según creencias populares, comunicarse con los espíritus. Su uso es sencillo: se coloca un puntero o un vaso, se convoca entonces al supuesto espíritu con un simple «¿estás ahí?», y si al ser inmaterial le viene bien, el vaso comenzará a moverse sobre el tablero, guiando las manos de los participantes, quienes creen que el movimiento del vaso es provocado por fuerzas espirituales.

Se puso de moda a finales del siglo XIX. Para su comercialización en Estados Unidos, la Oficina de Patentes del país la probó para demostrar que realmente funcionaba, y el tablero superó la prueba. Su venta fue un negocio muy rentable. Según **Charles W. Kennard** (1856-1925), uno de los propietarios de la patente, el nombre del tablero se lo reveló la propia güija: «oui» y «ja» significan «sí» en francés y alemán, respectivamente, pero la Real Academia de la Lengua recomienda la grafía «güija», que es la que utilizo.

Aunque no existían pruebas objetivas, las consecuencias de la Primera Guerra Mundial (1914-1918), que dejó más de 8 millones de soldados muertos y cerca de 7 millones de víctimas civiles, incrementó el deseo de los familiares de los fallecidos de asegurarse de que estos se encontraban bien en el más allá, aliviando así el dolor por la pérdida de seres queridos. De este modo, continuó su comercialización a lo largo del siglo XX. Durante los casi ciento cuarenta años que tienen las tablas güija se han llegado a utilizar para resolver algún que otro crimen o para, como luego os contaré, copiar el texto de algunas novelas que los espíritus supuestamente dictaban desde el «otro barrio».

Portada del Saturday Evening Post *de 1920. En ella vemos a una pareja usando la güija durante una sesión espiritista.*

Explicación científica de la actividad de la güija

Aunque muchas personas creen en la capacidad de la güija para contactar con lo sobrenatural, la ciencia ofrece explicaciones alternativas basadas en fenómenos psicológicos y físicos.

El movimiento del puntero se puede explicar principalmente a través del llamado efecto ideomotor. Este fenómeno ocurre cuando las personas, sin ser plenamente conscientes de ello, ejercen pequeños movimientos musculares que influyen en el puntero de la güija. Estos movimientos son involuntarios, ya que el participante no los controla deliberadamente. El cerebro es capaz de generar desplazamientos sutiles, guiando al puntero hacia las letras o los números.

Se piensa que estos movimientos son influenciados por las expectativas, creencias o sugestiones del grupo, de modo que el puntero o el vaso parecen moverse por sí mismos, dando la sensación de que una fuerza externa los está controlando. La mente humana es muy sugestionable, especialmente en grupo y, sobre todo, cuando existe una gran carga emocional que se suma a la expectativa creada. Todo ello aumenta la probabilidad de que los movimientos del puntero o vaso se interpreten como mensajes significativos. Las personas tendemos a interpretar la información de manera que confirme nuestras creencias anteriores. Si alguien cree en la posibilidad de comunicarse con un espíritu, es más probable que interprete los movimientos del vaso como mensajes coherentes. Los participantes pueden influirse mutuamente de forma consciente o inconsciente, para mover el puntero hacia respuestas que parezcan significativas para el grupo.

Este fenómeno se ha observado en otras actividades, como la escritura automática o el uso de péndulos por los zahoríes para encontrar pozos de agua subterránea. Aunque algunos piensen que las fuerzas espirituales están guiando el movimiento, en realidad, es una manifestación de la percepción inconsciente y de la influencia del cerebro sobre el cuerpo. La Iglesia consideraba al fenómeno una manifestación diabólica.

Las sesiones de espiritismo anteriores a la güija podían resultar tediosas y pesadas, porque los mensajes se transmitían letra a letra; no quiero ni pensar cómo sería transcribir un libro. La güija permitía una comunicación más fluida, lo cual, sin duda, facilitó su difusión. Pero pronto quedó demostrado el fraude del que falsos médiums se aprovechaban, por lo que, de forma paulatina, perdieron credibilidad y cayeron casi en el olvido. No fue hasta 1973 cuando se estrenó la película *El exorcista,* una obra emblemática que incluye el uso de la güija como un instrumento del mal en una trama de terror. Basada en la novela del mismo nombre publicada en 1971 y que vendió unos 13 millones de ejemplares en Estados Unidos, la trama de esta obra cambió para siempre el sentido que popularmente se le había dado a la güija: de ser casi un juego inofensivo con el que pasar un buen rato en divertidos rituales espiritistas, a transformarse en un medio desde el cual entes demoníacos irrumpen en nuestras vidas, pero creo que los exorcismos y las posesiones diabólicas merecen un capítulo aparte.

Desde mediados del siglo XIX, el espiritismo alcanzó cierta notoriedad. Suponía que es posible conectar con los espíritus de personas fallecidas a través de un médium. Entre las clases altas, las sesiones espiritistas se pusieron de moda, bien como simple entretenimiento, o como, en el caso del presidente de Estados Unidos, **Abraham Lincoln** (1809-1865), y su esposa, **Mary Todd** (1818-1882), para aliviar una pena terrible.

Tras la muerte del tercero de sus cuatro hijos por fiebre tifoidea, Abraham Lincoln, después del sepelio de su pequeño **William** se encerró en su habitación para llorar solo, pidiendo que nadie lo interrumpiese. La primera dama, a su vez, presentaba tal grado de afectación que ni siquiera tuvo el valor de asistir al entierro. Deprimida por tan devastadora pérdida, permaneció en cama durante tres semanas y, quizá, llevada por su angustia, organizó sesiones espiritistas en la Casa Blanca, en un intento desesperado por mantener algún vínculo con su hijo.

Abraham Lincoln y su esposa Mary Todd.

William Lincoln (1850-1862) fallecido a los 11 años por fiebre tifoidea.

Cuando murió **Charles Dickens** (1812-1870), el autor de obras como *Oliver Twist, David Copperfield* o *Cuento de Navidad* dejó inconclusa una novela titulada *El misterio de Edwin Drood*. Nunca imaginaríamos conocer su final, pero hete aquí, que un mecánico de profesión y médium en los ratos libres, llamado **Thomas P. James**, aseveraba haber contactado con el espíritu del escritor, quien le ayudó a concluir la novela dictándosela a través de la güija. En 1917, el periódico *The New York Times* se quejaba con sorna de que, al ser varios los libros supuestamente dictados por muertos desde ultratumba, los escritores se enfrentarían además a la competencia eterna de los espíritus de algunos autores al «*encontrar en el tablero de la güija un medio material de expresión*».

Podríamos leer la tercera parte del *Quijote* o, en nuestros días, **Luis García Montero**(1958) se habría ahorrado escribir el último capítulo de la novela póstuma que nuestra genial **Almudena Grandes**(1960-2021), por desgracia, no pudo finalizar; siguiendo esta lógica, una joven norteamericana llamada **Pearl Lenore**

Curran (1883-1937) fue invitada a varias sesiones de espiritismo por su amiga la escritora y autoproclamada médium **Emily Grant Hutchings** (1870-1960). En una de ellas contactaron con un espíritu que se presentó con el nombre de **Patience Worth**. Este les dijo que había nacido en el siglo XVII *«al otro lado del mar»*, posiblemente en Inglaterra. Siendo joven y soltera decidió emigrar a la entonces colonia británica de América, pero fue asesinada por un indio —muy propio de las novelas del Oeste—. Desde entonces, su espíritu errante llevaba dos siglos buscando a alguien que le ayudara a cumplir sus sueños literarios, y ahí estaba Pearl Lenore Curran. Como resultado final, la entelequial criatura vio satisfechas sus aspiraciones literarias publicando varios libros, alguno incluso merecedor de buenas críticas.

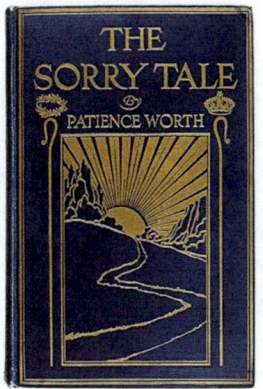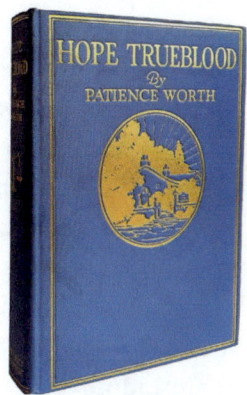

Libros dictados por el supuesto espíritu llamado Patience Worth.

Así, determinados autores fallecidos seguirían escribiendo eternamente. Desde luego estamos, sin duda, ante uno de los casos más curiosos en la Historia de la Literatura Universal. Pearl

Lenore Curran, hasta experimentar con la güija y «conocer» al fantasma de Patience, nunca había escrito literatura. La Sociedad Estadounidense de Investigación Psíquica (ASPR), dedicada a la parapsicología y fundada en 1885 por académicos y científicos, sometió a Pearl L. Curran a muchas pruebas, para averiguar si se trataba de un fraude, pero las superaba fácilmente. La conclusión es que se trataba de una mujer honrada y para nada una loca. Incluso decía sentirse ofendida por saberse «utilizada» por un fantasma que la obligaba a escribir.

Aunque se intentó, no se encontró ninguna prueba documental de ninguna Miss Patience Worth en ningún archivo histórico en la Inglaterra del siglo XVII. Por eso, un cierto halo misterioso sigue cubriendo su obra literaria, aunque lo más probable es que Pearl fuese una mujer inteligente y de una gran imaginación, que utilizara la escritura automática desde el subconsciente, o tal vez tenía personalidad múltiple o algún otro problema mental. No sabemos si era consciente de que Patience era pura invención. Será difícil saberlo con exactitud. Por su parte, la amiga de Pearl Lenore Curran, **Emily Grant Hutchings** (1870-1960), ante el éxito alcanzado por su conocida, decidió que ella no iba a ser menos, por lo que en 1917 publicó otra novela dictada desde ultratumba a través de la güija, nada más y nada menos que de **Mark Twain** (1835-1910), cuando el afamado escritor llevaba siete años enterrado.

Hoy día puede resultar estrafalario, pero, en 1917, en plena Guerra Mundial, la entonces llamada Gran Guerra, que provocó unos 15 millones de muertos, generó una colosal fiebre espiritista en respuesta a la imperiosa necesidad de afrontar tanto dolor. Obviamente, la escritora Emily Grant trató de utilizar la fama del célebre Mark Twain para impulsar la venta de su libro. Se produjo entonces una situación muy curiosa. Puesto que la propia Emily reconocía que la obra era de Mark Twain, la demanda se basó en reclamar los derechos de autor. Realmente lo que perseguían tanto la hija de Twain como la editorial era que la obra no se distribuyera usando el prestigio del escritor.

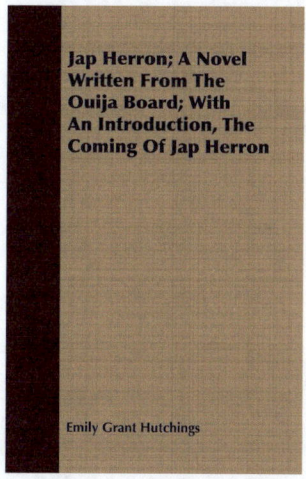

Jap Herron; A Novel Written From The Ouija Board; With An Introduction, The Coming Of Jap Herron

Emily Grant Hutchings

Libro de Emily Grant, cuya autoría trató de atribuir a Mark Twain.

Consiguieron así que la novela se retirara de las librerías. En la reseña que el *New York Times* le dedicó se podía leer: *«Si esto es lo mejor que Mark Twain puede hacernos llegar al cruzar la barrera, el ejército de admiradores que sus obras han cosechado pondrán todas sus esperanzas en que, en lo sucesivo, respete el límite de la muerte».*

Las ideas espiritistas proliferaron, en especial durante la segunda parte del siglo XIX, alcanzando tal relevancia social que muchos científicos se interesaron por ellas para intentar comprobar su veracidad. Esta etapa coincide también con el nacimiento de la psicología científica. A partir de la experimentación, se realizaron grandes avances en el estudio de los procesos mentales y de la conducta. El padre del estructuralismo, **Wilhelm Wundt** (1832-1920), estableció en Leipzig (Alemania) el primer laboratorio de psicología científica. Tras él, **Emil Kraepelin** (1856-1926) fundó la psiquiatría científica.

Para el cristianismo, espiritismo es sinónimo de brujería.

Se fueron desarrollando a la par las llamadas «psicologías alternativas», que, aunque rechazaban el método científico, aspiraban a pasar por científicas. Una de ellas es la parapsicología, que, en realidad, no es una rama de la psicología, pero ha intentado encontrar evidencias de algunos fenómenos como la telequinesis (mover objetos con la mente) o la telepatía (transmisión de contenidos psíquicos entre personas, sin intervención de agentes físicos conocidos).

El 9 de octubre de 1861 hubo un simulacro de auto de fe en Barcelona. Un auto de fe es la ceremonia pública que organizaba la Inquisición, en la que se proclamaban sentencias contra acusados de herejía y, en muchas ocasiones, se procedía a la quema de libros y personas condenadas. Aunque la Inquisición fue perdiendo poder a lo largo del siglo XVIII y se abolieron oficialmente sus funciones en el siglo XIX, pervivieron algunas de sus prácticas simbólicas y censuradoras. Pero resulta muy sorprendente el auto de fe llevado a cabo en Barcelona, un episodio tardío y anacrónico en el que las autoridades eclesiásticas, lideradas por el obispo **Antoni Palau i Térmens** (1806-1862), organizaron la quema pública de libros y documentos espiritistas en la explanada de la Ciudadela. Este acto de censura fue una reacción directa al creciente interés por el espiritismo en España, que se había convertido en un movimiento con un gran número de adeptos, especialmente entre las clases ilustradas y la burguesía.

Entre los libros quemados estaban las obras de **Allan Kardec** (1804-1869), considerado el padre del espiritismo moderno, así como de otros autores que habían contribuido a la expansión de esta doctrina en Europa. El profesor y filósofo francés Allan Kardec, tras participar en varias sesiones, quedó tan convencido que estructuró el espiritismo como doctrina, estudiando la naturaleza de los espíritus y cómo podían comunicarse con los humanos.

Allan Kardec, padre del espiritismo.

A mediados del XIX, Allan Kardec tuvo conocimiento de las «mesas parlantes», «giratorias» o «danzantes», supuestamente impulsadas por espíritus que trataban de comunicarse de este modo con los participantes, quienes en apariencia se limitaban a colocar sus manos en la superficie de la mesa. La mesa se movía, giraba o incluso se elevaba en el aire, lo cual se atribuía a la acción de los espíritus. Estas sesiones estaban de moda en muchas ciudades europeas. Allan Kardec quedó impresionado tras estudiar el fenómeno, llegando a la conclusión de que el movimiento de las mesas lo causaba alguna inteligencia exterior. Se persuadió de que eran los espíritus de los muertos. En 1857 vio la luz *El libro de los espíritus*, del que se publicaron hasta 16 ediciones, aunque la Iglesia católica incluyó la obra en su *Índice de libros prohibidos*.

Para Kardec, *«el espiritismo es la prueba patente de la existencia del alma, de su individualidad después de la muerte, de su inmortalidad y de su suerte verdadera, es, pues, la destrucción del materialismo, no con razonamiento, sino con hechos»*. Actualmente, no hay ningún científico que la respalde.

En su momento se le consideraba una persona culta y seria. A partir de 1858 presidió la Sociedad de Estudios Espiritistas de París hasta su muerte. Algunos destacados intelectuales de la época defendieron la postura de Kardec, como fue el caso del escritor y médico **Sir Arthur Conan Doyle** (1859-1930), conocido especialmente por las aventuras de su personaje Sherlock Holmes. Sir Arthur se casó en segundas nupcias con la médium **Jean Elizabeth Leckie** (1874-1940).

Sir Arthur Conan Doyle y su esposa, la médium Jean E. Leckie.

El espiritismo como doctrina se basa en el principio de la inmortalidad del alma y la relación de los espíritus con los vivos a través de los médiums. No existe jerarquía sacerdotal, ni imágenes o altares donde ofrecer culto. Toleran todas las religiones; de hecho, para algunos, el espiritismo es una «segunda religión». Kardec clasificó a los espíritus en distintas categorías: felices, sufridores, arrepentidos, endurecidos y suicidas. Esta doctrina tuvo bastante acogida en Europa y en América.

El auge del espiritismo en la segunda mitad del siglo XIX responde a la búsqueda de respuestas ante la muerte, en un mundo donde las explicaciones religiosas tradicionales parecían insuficientes ante la aparición de nuevas corrientes filosóficas que promovían el contacto con el más allá. El desarrollo de la prensa y la literatura permitieron la difusión de estas ideas. En ciudades como Barcelona, mucha gente veía en la nueva doctrina una filosofía racionalista y progresista que desafiaba a la autoridad eclesiástica.

La Iglesia intentó así frenar la expansión del espiritismo, pero tuvo el efecto contrario: la quema de libros despertó un interés mayor por la doctrina espiritista y generó una reacción adversa en la opinión pública, que consideró el evento como un resabio medieval en plena era del progreso. De este modo, la represión terminó sirviendo como una plataforma involuntaria para la divulgación del espiritismo, consolidándolo como un movimiento influyente en la España del XIX. A principios del siglo XX, en todo Occidente, están en auge tanto el cientifismo como las ideas espiritistas.

William Crookes (1832-1919) fue, sin duda, uno de los científicos más importantes del siglo XIX. Con tan solo treinta y un años ingresó en la prestigiosa Royal Society. Inventó el tubo de rayos catódicos, descubrió por espectroscopia el talio (metal muy blando y maleable). Fue el primero en identificar, en 1879, el plasma (cuarto estado de la materia, además de sólido, líquido y gaseoso). Su afán investigador lo llevó a experimentar con médiums en su propia casa, tratando de avanzar en la metapsíquica. Así se llamaba entonces a lo que hoy conocemos como parapsicología (fenómenos físicos o mentales para los que la ciencia aún no había encontrado explicación).

Crookes era el mayor de 16 hermanos, uno de los cuales falleció por fiebre amarilla en 1867. Por aquel entonces ya estaba de moda comunicarse con los muertos a través de los médiums, y Crookes decidió intentarlo o, al menos, ver qué había de verdad en todo aquello. Junto a miembros de su familia acudió a algunas sesiones y dicen que, cuando se vio «hablando con su hermano», rompió a llorar de emoción. Era consciente de que sus colegas se reirían de él cuando trascendiera la noticia, así que decidió investigar el fenómeno para comprobar qué había de cierto.

Desde luego sorprendió a sus compañeros científicos: no solo no atacaba al espiritismo en los artículos que publicaba, sino que argumentaba en su favor, convirtiéndose en uno de los pioneros en la investigación de la parapsicológica. Algunos de sus artículos más conocidos fueron «El espiritismo visto a la luz de la ciencia moderna» o «Experimentos sobre la fuerza psíquica». En ellos daba por ciertos supuestos movimientos de objetos a distancia, apariciones de fantasmas y otros supuestos fenómenos. A Crookes le queda clara la existencia de la fuerza psíquica.

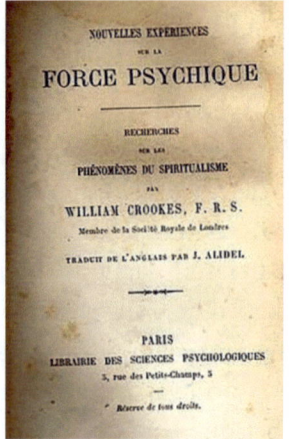

William Crookes era miope, y eso quizá podría explicar cómo fue engañado.

Estos sucesos paranormales fueron posteriormente revisados por la ciencia. Al parecer, o bien Crookes pudo haber sido muy ingenuo, o como se dijo, quizás tuvo un romance con la médium porque nunca reconoció haber sido víctima de un fraude. Su reputación científica era impecable, pero es posible que su deseo de creer se impusiera a su mentalidad científica.

Tras distintas tentativas científicas de verificación, se demostró que el espiritismo era un fraude generalizado, por lo que perdió credibilidad. No hace tanto tiempo, la supuesta médium espiritual británica **Anne Germain** alcanzó fama en España a raíz de espectáculos televisivos, en los que, según decía, *«contactaba con los muertos de ciertas personas»*. Fue calificada de estafadora al demostrarse que alguien le hacía un trabajo previo de investigación sobre ciertas personas a partir del cual iba tirando de la cuerda con técnicas psicológicas muy sencillas.

Lo espiritual y lo paranormal van de la mano del espiritismo. Desde muy antiguo, las sociedades humanas han creído en estas entidades. Unas de las primeras impulsoras del espiritismo fueron las **Hermanas Fox** (entre 1814 y 1892), quienes a mediados del siglo XIX afirmaron ser testigos de fenómenos paranormales; los supuestos fenómenos eran impactos ruidosos que ellas mismas hacían para convencer a los testigos de que se estaban comunicando con espíritus. Durante años disfrutaron de una exitosa carrera como médiums. Sus propios padres llegaron a pensar que su casa estaba habitada por entes sobrenaturales. Lo que comenzó como una divertida broma con la que aparentaban comunicarse con fantasmas se convirtió en un negocio muy lucrativo. Durante unos cuarenta años vivieron de ello, organizando giras, hasta que en 1888 terminaron confesando sus travesuras en una rueda de prensa. La pequeña Margaret, ante una sala repleta de público, demostró subida descalza a una mesa la habilidad que tenía para hacer chasquidos con los dedos de los pies, chasquidos que supuestamente emitían los espíritus difuntos. Se dice que murieron pobres y alcoholizadas.

Margaret, Kate y Leah, conocidas como las Hermanas Fox.

Entre los pioneros en la investigación paranormal o la entonces llamada *metapsíquica* estaba el médico y fisiólogo francés **Charles Robert Richet** (1850-1935), Premio Nobel de Medicina en 1913 por sus trabajos sobre la anafilaxia, palabra inventada por él y que consiste en una reacción inmunitaria grave a alimentos, medicamentos y picaduras de insectos que puede ser mortal si se produce un choque anafiláctico.

Popularizó con su prestigio las teorías eugenésicas, hoy día refutadas, pero según las cuales la reproducción selectiva de ciertos rasgos humanos puede mejorar a las generaciones futuras. Teoría que fue defendida por ideologías racistas y supremacistas, colonialistas y defensoras de un imperialismo científico. El doctor Richet no creía para nada en la igualdad de las razas humanas, apoyaba la jerarquización racial, consideraba a los negros muy cercanos a los monos y se mostraba partidario de prohibir los matrimonios entre blancos y mujeres de otras razas, eliminar a los recién nacidos con taras físicas y la castración y esterilización de lo que consideraba adultos degenerados.

Con respecto a la metapsíquica, publicó un tratado con sus conclusiones. Esta es una obra fundamental en el estudio de los fenómenos paranormales desde una perspectiva científica. Fue él quien acuñó el término «metapsíquica» para referirse a fenómenos que no podían explicarse mediante las leyes físicas.

Charles Richet.

El Tratado de Metapsíquica (1922) de Charles Richet es una obra fundamental en el estudio de los fenómenos paranormales desde una perspectiva científica. Aborda distintos tipos de fenómenos paranormales, documentando investigaciones y experimentos. Los clasifica en:

- *Metapsíquica subjetiva,* que incluye aquellos fenómenos relacionados con la mente, como la telepatía, la clarividencia y la precognición, examinando casos documentados de transmisión de pensamientos y visiones a distancia.
- *Metapsíquica objetiva*, que engloba aquellos fenómenos físicos inexplicables, como la materialización de objetos, la levitación y las manifestaciones ectoplásmicas. Analiza asimismo la intervención de médiums y experimentos con mesas giratorias, voces y apariciones.

Según Richet, sus observaciones son rigurosas, pero no llega a conclusiones definitivas, y aunque no afirma la existencia de lo sobrenatural, reconoce que muchos de estos fenómenos desafían las explicaciones convencionales de la ciencia de su época. Al menos, trata de darle un marco científico al estudio de lo paranormal.

A pesar del escepticismo de la comunidad científica, el libro tuvo una gran influencia en el desarrollo de la parapsicología. Al fin y al cabo, Richet era un premio Nobel. En su tratado concluye que, aunque estos fenómenos existen, su naturaleza aún es desconocida y requieren más investigación.

Hoy sabemos que no existen personas con capacidad de leer el pensamiento o ver el contenido de un papel plegado sin ayuda de pistas externas. La parapsicología ha intentado validar fenómenos como la telepatía y la clarividencia con resultado negativo por la falta de replicabilidad en condiciones controladas, o no superar un estudio controlado de doble ciego.

Sus experimentos pudieron haber estado influenciados por la sugestión, errores metodológicos e incluso fraudes. Lo que parece percepción extrasensorial a veces se puede explicar por técnicas psicológicas, como la lectura en frío o la detección de patrones en la comunicación no verbal. Existen estudios que muestran que el cerebro humano es muy eficiente en captar señales sutiles de otras personas, como microexpresiones o cambios en la voz, que pueden dar la impresión de «leer la mente» sin necesidad de habilidades paranormales. Es por ello que la comunidad científica considera la metapsíquica como una pseudociencia.

Pero resulta fascinante que un científico brillante como Charles Richet pueda sostener creencias profundamente erróneas y pseudocientíficas en otros ámbitos. Su interés por la metapsíquica y su eugenismo racista no son hechos aislados, sino que pueden analizarse dentro de un mismo marco de pensamiento: un intento de clasificar, controlar y jerarquizar la realidad con criterios que hoy consideramos pseudocientíficos o ideológicamente sesgados. En este sentido, Richet fue hijo de su tiempo, marcado por el positivismo del siglo XIX, que veía la ciencia como una herramienta para descubrir leyes absolutas en todos los aspectos de la vida. Así como en fisiología se buscaba regularidades en el funcionamiento del cuerpo humano, en la metapsíquica se pretendía encontrar patrones que explicaran fenómenos paranormales.

Este afán por encuadrar lo desconocido dentro de sistemas rígidos y jerárquicos es el mismo que lo llevó a defender la eugenesia y la clasificación racial. Para él, tanto los fenómenos psíquicos como las diferencias entre razas eran cuestiones de orden natural, algo medible, cuantificable y susceptible de ser controlado.

Su rechazo a los matrimonios interraciales y su comparación de los negros con los simios no era solo una cuestión de prejuicio personal, sino parte de un sistema de pensamiento que pretendía aplicar la ciencia para justificar la desigualdad social. Estaba convencido de que la jerarquía social era tan «objetiva» como la existencia de capacidades psíquicas especiales en ciertos individuos. Para Richet, la metapsíquica no es más que una extensión del elitismo, por lo que su interés por lo paranormal no es contradictorio con su racismo, ya que viene a confirmar la superioridad de ciertos individuos sobre otros. De igual modo que existen razas superiores, en el plano mental estaba convencido de que algunas personas tenían habilidades extrasensoriales que las colocaban por encima del resto. La metapsíquica le ofrecía la posibilidad de demostrar científicamente que ciertas mentes poseían capacidades como la telepatía o la clarividencia, habilidades que, por supuesto, no atribuía a los grupos que consideraba «inferiores».

No es casualidad que muchos de los experimentos de metapsíquica se llevaran a cabo en círculos aristocráticos o intelectuales. Richet, al igual que otros científicos de su tiempo, veía en estas investigaciones la confirmación de que existía una jerarquía natural de talentos y dones, tanto físicos como mentales, y él pretendió validarlo con su método científico.

Su prestigio como fisiólogo sin duda le permitió ocupar un lugar destacado en este campo, y su autoridad científica le dio un aura de credibilidad ante el público. Su caso es similar al de otros científicos de la época que combinaron grandes logros en sus disciplinas con creencias pseudocientíficas, como Alfred Russel Wallace y su espiritualismo. Es posible que su dedicación a la metapsíquica también respondiera a una necesidad psicológica de trascendencia. La idea de que la mente podía operar más allá de los límites físicos convencionales era una forma de explorar lo desconocido, algo que encajaba con su personalidad ambiciosa e inquisitiva. Richet usaba la ciencia como justificación de ideologías. No era solo un racista metapsíquico; de algún modo, buscaba justificar su visión jerárquica del mundo, fruto de sus prejuicios personales. Su caso es un ejemplo de que incluso los científicos más brillantes pueden ser víctimas de sus propios sesgos ideológicos y de las creencias dominantes de su tiempo.

Resulta curioso que tuvieron que ser magos de teatro o ilusionistas los que ayudaron a demostrar muchos de los fraudes. Ilusionistas profesionales expusieron algunos de los trucos utilizados por los médiums para engañar a los participantes. Incluso sacerdotes como el jesuita **Carlos María de Heredia** (1872-1951), nacido en México y profesor universitario en Estados Unidos, dedicó gran parte de su vida a investigar y demostrar públicamente la farsa del espiritismo.

 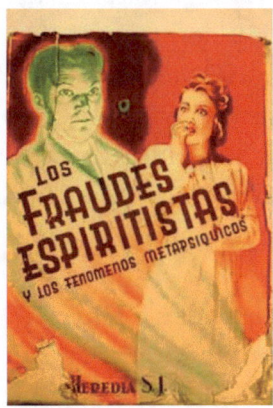

Carlos María de Heredia, el jesuita que se dedicó a probar la falsedad del espiritismo.

Carlos María era, además de sacerdote, un gran mago y prestidigitador, por lo que sus conferencias resultaban muy divertidas. En ellas reproducía los trucos utilizados por los supuestos médiums. En sus charlas bailaban las mesas, se hablaba con los muertos o se veían ectoplasmas. Publicó el libro *Los fraudes espiritistas y los fenómenos metapsíquicos,* en el que describía y desmontaba las supercherías. Era amigo del célebre escapista y mago **Harry Houdini** (1874-1926), quien también denunció esta estafa. Se cuenta que, en una sesión a la que acudió el delegado apostólico del Vaticano en Estados Unidos, **Giovanni Bonzano** (1867-1927), Carlos María de Heredia hizo flotar una mesa donde el delegado apostólico y dos obispos tenían posadas sus manos.

Fue tan asombroso el efecto que algunos sacerdotes presentes se santiguaron, y el nuncio impresionado le advirtió: «*Dígame cómo lo ha hecho o suspendo ahora mismo la función*».

Carlos María de Heredia decía: «*Si un médium lo hace, yo también puedo hacerlo con trucos. Si yo lo hago con trucos, ellos también*». La relación entre el ilusionismo y la investigación de fraudes es fascinante. Los magos han sido clave en desenmascarar a médiums, espiritistas y otros supuestos poseedores de poderes sobrenaturales. No es casualidad: los ilusionistas entienden mejor que nadie cómo se pueden manipular la percepción y la mente humana para crear la ilusión de lo imposible.

El legendario **Harry Houdini** (1874-1926) adquirió su fama como escapista en situaciones de alto riesgo (enterrado en un ataúd, sumergido en el agua, o suspendido en el aire, siempre lograba salir ileso). Recién casado con Bess, una artista de vodevil, actuaban juntos como médiums en un espectáculo de espiritismo.

Se dice que, tras la muerte de su madre, expresó su arrepentimiento cuando sintió vergüenza por haber jugado con el dolor de las personas que, habiendo perdido a un familiar, confiaban en los médiums para comunicarse con sus seres queridos. Se transformó entonces en uno de los mayores críticos del espiritismo. Estaba tan seguro de que se trataba de un fraude, que llegó a ofrecer una recompensa de 10.000 dólares de su época a quien pudiera demostrar poderes paranormales bajo condiciones controladas. Nadie pudo cobrar la recompensa.

Houdini y su esposa Bess.

Llegó a romper relaciones con el que fuera su amigo Sir Arthur Conan Doyle (creador de Sherlock Holmes), ferviente espiritista y defensor de la supuesta médium **Mina «Margery» Crandon** cuando Houdini demostró sus falsedades.

Joseph Dunninger (1892-1975), conocido como «el asombroso Dunninger», fue un mentalista famoso, dedicado también a desenmascarar y desmitificar a médiums fraudulentos, replicando supuestos fenómenos.

Otros magos que expusieron fraudes, además del anteriormente nombrado James Randi, fueron:

John Nevil Maskelyne (1839-1917): mago que desmontó a los **hermanos Davenport**, dos supuestos médiums que en la década de 1860 realizaban sesiones de espiritismo, donde «fantasmas» tocaban instrumentos en la oscuridad y se manifestaban físicamente. El mago Maskelyne asistió a una de sus sesiones y notó que los «espíritus» seguían patrones sospechosos. Descubrió que los hermanos usaban nudos secretos y trucos de escapismo para liberarse y manipular los objetos.

Milbourne Christopher (1914-1984): presidente de la Sociedad de Magos Americanos, autor de más de 20 libros. Documentó fraudes paranormales en sus libros y en programas de televisión.

Henri Robin (1811-1875): ilusionista francés que refutó médiums del siglo XIX.

Banachek (**Steven Shaw**): nacido en 1960, fingió ser un psíquico en un experimento de la Universidad de Washington para mostrar lo fácil que era engañar a los científicos crédulos.

Armario/gabinete donde actuaban los hermanos Davenport.

Participó junto a **Michael Edwards** en un montaje orquestado por **James Randi**, para evidenciar cómo incluso los científicos podían ser engañados por supuestos fenómenos paranormales. Entre 1979 y 1981, el Instituto de Parapsicología de la Universidad Washington en San Luis, Misuri, dirigido por Peter Phillips, estaba investigando fenómenos psíquicos con apoyo financiero de la Fundación McDonnell —James Smith McDonnell fue un pionero de la aviación, apasionado por romper límites del conocimiento y comprender la mente y el cerebro, entre otras áreas—. Randi les propuso infiltrarse en los experimentos haciéndose pasar por psíquicos y ver si los científicos eran capaces de detectar el engaño.

Durante más de dos años, Banachek y Edwards participaron en pruebas de percepción extrasensorial y psicokinesis (mover objetos con la mente). Los científicos quedaron asombrados, ya que los resultados «confirmaban» que los dos jóvenes tenían poderes paranormales. Doblaron cucharas y llaves «con la mente» —en realidad, usaban técnicas de ilusionismo como la manipulación y el «doblado previo», haciendo que el metal se debilitara antes del experimento—; movían objetos a distancia —empleaban trucos clásicos de magia, como hilos invisibles— y alteraban relojes sin tocarlos. Lo interesante es que los científicos nunca detectaron el fraude. Se publicaron artículos científicos afirmando que habían encontrado pruebas de lo paranormal.

En 1981, James Randi y los dos ilusionistas revelaron la verdad en una conferencia de prensa, dejando en ridículo la credibilidad de inocentes científicos. La lección que aprendieron es que no basta con ser un experto en física o psicología si no entiendes cómo operan los trucos y la sugestión. Demostraron que la ciencia necesita de los magos, ya que incluso los estudios más serios pueden ser engañados si no se aplican controles rigurosos. En esta compleja relación entre la magia y la ciencia, un mago puede demostrar que «lo imposible» es solo una cuestión de percepción y engaño, porque, como decía Randi, *«los científicos no son entrenados para detectar engaños; los magos sí»*. Y es que, como hemos visto a lo largo de la historia, científicos, periodistas e incluso gobiernos han sido engañados por supuestos fenómenos paranormales que resultaron ser trucos bien ejecutados, por lo que podemos concluir que un cierto grado de escepticismo nunca viene mal.

La magia no es real, pero el engaño sí.

James Randi (1928-2020). Conocido durante su larga carrera como mago de escenario e ilusionista, se dedicó durante muchos años a desmentir a quienes afirmaban tener poderes paranormales o psíquicos y empezó a exponer públicamente los fraudes relacionados con estos «fenómenos». Desafió a gente que afirmaba tener habilidades psíquicas, supuestos «adivinos», «lectores de la mente» y «contactos con espíritus», para que demostraran sus habilidades bajo condiciones controladas. El objetivo de Randi no era ridiculizar a los presuntos defraudadores, sino educar al público sobre cómo podían ser engañados por trucos a veces muy simples.

En 1964, Randi creó un desafío muy conocido en el mundo de la ciencia y el escepticismo: el Premio Paranormal. Ofrecía nada menos que un millón de dólares a cualquier persona que pudiera demostrar habilidades paranormales verificables en condiciones científicas controladas por científicos y expertos independientes. A lo largo de más de cuarenta años, Randi y su fundación, Educational Foundation Paranormal Challenge, recibieron muchas solicitudes. Sin embargo, ninguno de los participantes logró ganar el premio. Algunos de los casos más conocidos fueron:

Uri Geller (1946): el famoso «psíquico» que afirmaba tener el poder de doblar cucharas con la mente fue uno de los primeros en ser desafiado por Randi. Geller, quien se hizo muy popular en la televisión española de los setenta, rechazó participar en las pruebas. Randi afirmaba que las supuestas habilidades de Uri Geller podían explicarse por trucos de ilusionismo. La negativa a someterse a la prueba ya decía mucho, pues no se entiende que alguien con poderes de verdad renuncie a un premio tan apetitoso por solo doblar una cuchara.

Peter Popoff (1946): un charlatán, teleevangelista, clarividente y curandero que afirmaba recibir mensajes directos de Dios y «curar» a las personas de sus enfermedades mediante oraciones. En 1986, Randi demostró que Popoff utilizaba un pequeño dispositivo de comunicación oculto en su oído, a través del cual su mujer le enviaba información sobre enfermedades, direcciones y nombre de los asistentes al servicio mientras el público lo aclamaba. Decía que era Dios quien le revelaba la información. Randi documentó este fraude en un programa de televisión.

James Hydrick (1959): afirmaba tener el poder de mover objetos con la mente, pero se demostró que utilizaba trucos de ilusionismo para simular sus habilidades psíquicas. En realidad, él mismo reconoció posteriormente el fraude a un periodista.

Uri Geller   *Peter Popoff*   *James Hydrick*

A James Randi le preocupaba el hecho de que tantas personas creyeran en lo paranormal cuando, verdaderamente, no existían pruebas sólidas, lo que sin duda podía obstruir el progreso del conocimiento humano. Estaba convencido de que el pensamiento crítico, la evidencia empírica y el método científico eran las herramientas adecuadas para entender el mundo, lejos de la superstición y las afirmaciones sin pruebas. Su trabajo inspiró a más de una generación de escépticos, científicos y educadores.

6

Exorcismos y posesiones diabólicas

La figura del diablo, el demonio o Lucifer, o como quiera que se le llame, hunde sus raíces en la religión, la mitología y la cultura popular, especialmente la tradición judeocristiana, en la que personifica el mal absoluto, la rebeldía contra lo divino y, sobre todo, el ser que busca desviarnos de la bondad y la salvación eterna.

En la Biblia, Satanás es un ángel caído en desgracia debido a su orgullo y su rebelión contra Dios, a quien quiso igualar. La rebelión le costó su descenso al infierno. En el Antiguo Testamento, el diablo aparece de forma ambigua, pero en el Nuevo Testamento juega un papel fundamental como tentador y enemigo de la humanidad. El concepto de Satanás y del mal en general se va desarrollando con el tiempo. Durante la Edad Media, el diablo es considerado la fuente de toda posesión demoníaca y de la herejía.

El nombre «Lucifer» significa «portador de luz». Era un ángel brillante. La idea de que Lucifer representa una figura de belleza y luz antes de caer en la oscuridad tiene una poderosa carga simbólica: el mal no solo es destructivo, sino también seductor.

En la cultura occidental, el demonio es a menudo visto no solo como un ser maligno, sino como un personaje que desafía la autoridad y promueve la independencia, lo cual puede interpretarse dentro de una cierta ambivalencia.

Tanto la novela de **William Peter Blatty** (1928-2017) *El exorcista,* como la película dirigida por **William Friedkin** (1935-2023) marcaron un hito en la representación del diablo y la posesión demoníaca en la cultura popular. Su impacto en la percepción del mal en nuestra sociedad occidental fue profundo.

Aunque la novela superó un año entre los libros más vendidos en Estados Unidos, la crítica literaria de la revista *Time* decía de ella: *«… es un pastiche pretencioso, insípido, abominablemente escrito, redundante, repleto de teología superficial, psicología de cómic, diálogos de nivel bajo y escatología de nivel todavía inferior».*

Cuando la novela fue publicada en 1971 y, posteriormente, la película fue estrenada en 1973, el impacto cultural fue tremendo. El relato no solo fue un éxito de ventas y taquilla, sino que también revitalizó el interés por los exorcismos y las posesiones, ayudando incluso a consolidar la imagen de las fuerzas demoníacas como una amenaza real y palpable. Además, la película mostró el conflicto entre la ciencia y la religión, ya que el personaje principal, el padre Karras, es un psiquiatra que inicialmente duda de la existencia de la posesión antes de rendirse ante lo inexplicable. Este tipo de narrativa encajaba perfectamente con el clima de miedo y tensión de la época, y al mismo tiempo apelaba al resurgimiento de la religiosidad en un momento en que muchos sentían que el mundo estaba perdiendo sus valores tradicionales. En este sentido, podría decirse que la Iglesia católica, así como otras religiones, en cierta medida aprovecharon el contexto cultural de la época para reforzar su posición sobre la lucha entre el bien y el mal.

Tras más de cincuenta años del estreno cinematográfico, se la sigue considerando una de las películas más aterradoras. La Biblioteca del Congreso de Estados Unidos la seleccionó para ser conservada como parte de su Registro Nacional de Cine, calificándola como *«cultural, histórica o estéticamente significativa»*. Fue el primer largometraje de terror nominado al Premio Óscar a la mejor película. La historia de la niña poseída por el demonio marcó toda una época en el cine de terror. Fue un éxito de taquilla increíble y se prohibió en varios países, ya que muchos espectadores se desmayaban o vomitaban por el miedo.

«No es una película de vampiros o extraterrestres; es de gente que vive en tu calle —explicó el director Friedkin—; *una calle que existe, en una ciudad que existe, en la que personas reales viven en una casa, en la que arriba, en el tercer piso, hay una pequeña niña, que está poseída por un demonio».*

En esa época la juventud cuestionaba la fe y se rebelaba contra la religión o el capitalismo, por lo que el miedo podía ser una forma de «meterlos en vereda». Para muchos padres, esta actitud rebelde de los jóvenes podía identificarse con una cierta posesión por fuerzas oscuras (políticas o sectas).

Cuatro horas de maquillaje se necesitaban diariamente para conseguir esta genial transformación.

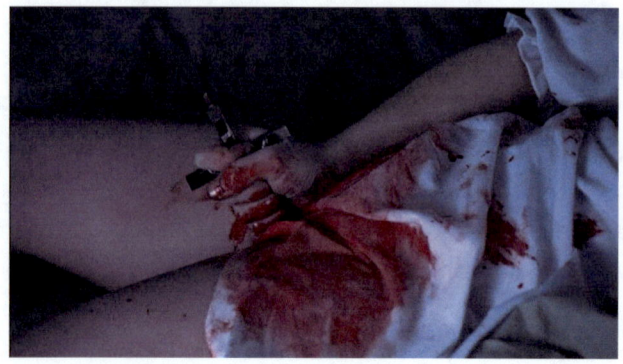

«La niña del exorcista», con sus giros de cabeza de 360°, sus vómitos verdes y sus levitaciones, nutrió nuestras peores pesadillas. En una polémica escena, la niña se exhibe masturbándose con un crucifijo.

La idea de una dulce niña de doce años que se transforma en un demonio es seductora y espeluznante al mismo tiempo. El terror que provocó en el público esta adolescente la convirtió en parte de nuestra cultura popular, donde es conocida como «la niña del exorcista». La película de Warner Bros tuvo hasta diez nominaciones al Óscar, de las que finalmente ganó dos: mejor guion y mejor sonido. Con un presupuesto de 12 millones de dólares, lleva recaudados más de 2.000.

No voy a entrar en la trama, porque es de sobra conocida. William Peter Blatty se basó en un artículo que leyó en el *Washington Post* en 1949, cuyo titular decía: *«Sacerdote libera a un niño de Mount Rainier, Maryland, que según se informa estaba en manos del diablo, supuestamente mediante un antiguo ritual de exorcismo».* Comenzó a escribir el guion en 1969 y lo terminó en 1971. Blatty contó después que se puso en contacto con un sacerdote que supuestamente llevaba un diario donde reflejaba los exorcismos a los que sometieron al niño en 1949. Se escribieron libros y se

hicieron documentales del tema, pero con noticias muy contra-
dictorias, no siendo posible diferenciar la realidad de la ficción.

Nadie logró nunca hablar con el supuesto «niño poseído»,
ni con nadie de su familia o entorno más cercano, lo cual ya es
sospechoso. Nadie en el barrio de Mount Rainier era capaz de
señalar el domicilio del poseso. Todo eran rumores. No hace
mucho se supo que el niño exorcizado era, en realidad, **Ronald
Edwin Hunkeler** (1936-2020), un adolescente de catorce años,
pero un chico tan inteligente que terminó siendo ingeniero de la
NASA. Trabajó en la misión Apolo 11, la quinta misión tripulada
y la primera en alunizar. Ronald estaba muy interesado en ocultar
su relación con cualquier evento demoníaco-posesivo, ya que
la revelación pública de sus antecedentes podría perjudicar una
carrera de ingeniería tan prometedora. Comenzaron a aparecer
en la prensa un montón de supuestas posesiones demoníacas, lo
que la productora Warner Bros supo explotar como publicidad
para su película.

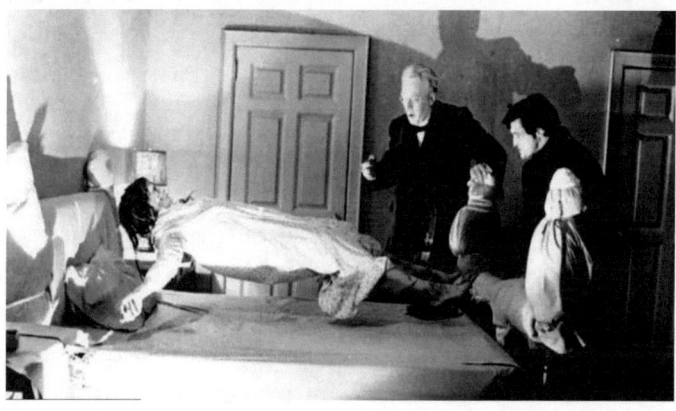

El exorcista, *una de las historia más fascinantes del cine moderno.*

Dentro de la ciencia, los casos de «posesión demoníaca» no son reconocidos como tales. En general, los científicos y los psicólogos explican estos fenómenos mediante trastornos mentales, como la psicosis, la esquizofrenia, el trastorno de personalidad múltiple, o incluso el trastorno de conversión (un trastorno psicológico en el que los síntomas físicos se producen sin una causa médica identificable). Estos trastornos pueden incluir comportamientos inusuales interpretados erróneamente como posesiones.

El mundo científico ve la «posesión» más como una manifestación cultural y religiosa de trastornos mentales o, en algunos casos, de efectos psicológicos, como el fenómeno de la sugestión colectiva. Además, los profesionales de la salud mental sugieren que la creencia en posesiones puede verse influenciada por la cultura, la religión y las expectativas de las personas involucradas, lo que aumenta la probabilidad de que los individuos se comporten de manera que coincida con los signos de una «posesión». Sin embargo, aunque desde la ciencia se interpreten estos incidentes dentro del marco de los trastornos psicológicos, en la cultura popular y la religión persiste la creencia en las posesiones diabólicas.

¿Usa la Iglesia los exorcismos para mantenernos «asustados»? Desde una perspectiva histórica, las instituciones religiosas han usado el miedo a lo desconocido o lo sobrenatural como una herramienta para controlar a las masas. La idea de que el demonio o fuerzas malignas están siempre presentes puede generar un estado de temor y obediencia, lo que favorece a la Iglesia como autoridad espiritual, aunque ellos sostienen que los exorcismos no son una forma de control, sino una práctica que se realiza con la intención de ayudar a quienes creen estar poseídos y que buscan una solución a sus problemas.

Cuantos más conocimientos científicos tenemos queda demostrado que la posesión demoníaca es cada vez más rara; de hecho, la Iglesia afirma que el rito debe llevarse a cabo solo después de un proceso riguroso de discernimiento y evaluación. Hoy día no es común ni se realiza de manera arbitraria.

La Iglesia tiene una larga historia de exorcismos, que datan de la Edad Media y más allá. Sin embargo, muchos de los casos que hoy consideramos posesiones probablemente fueron sin duda malinterpretaciones de enfermedades mentales o trastornos neurológicos. En el pasado, enfermedades psicológicas como la esquizofrenia, el trastorno de personalidad múltiple o la epilepsia no eran comprendidas por la ciencia, por lo que los síntomas de esas condiciones se atribuían a la influencia de demonios o fuerzas malignas.

«San Francisco de Borja realizando un exorcismo», pintura de Goya.

Durante siglos, la Iglesia católica fue la principal autoridad en cuestiones espirituales, y el exorcismo se utilizaba como parte de la lucha contra el mal, en un tiempo histórico donde las explicaciones científicas no estaban tan desarrolladas. Esto llevó a la Iglesia a realizar muchos exorcismos a lo largo de los años, especialmente en situaciones que involucraban personas que presentaban comportamientos extraños, que en su mayoría hoy asociaríamos con enfermedades psiquiátricas.

En este sentido, la Iglesia se encuentra en una posición difícil en la actualidad. Por un lado, tiene una tradición muy arraigada en los ritos de exorcismo, pero, por otro, la ciencia ha avanzado significativamente en la comprensión de los trastornos mentales y la neurociencia. A medida que el conocimiento ha ido explicando muchos de los síntomas previamente atribuidos a la posesión, la Iglesia se ha visto obligada a reconsiderar su punto de vista.

En 1999, el Vaticano publicó una actualización de su *Rituale Romanum*, el libro de rituales que incluye las pautas para el exorcismo. Este nuevo documento subraya que un exorcismo solo debe llevarse a cabo después de una evaluación cuidadosa por parte de médicos y psicólogos para asegurarse de que los síntomas no sean causados por una enfermedad mental. Además, el exorcismo solo debe ser realizado por un sacerdote autorizado, y la Iglesia enfatiza que la posesión demoníaca es algo excepcional.

La mayoría no somos conscientes de que todos los bautizados por la Iglesia católica hemos sido exorcizados a través del rito del bautismo. El catecismo de la Iglesia católica, en su número 1673, nos dice: «*Cuando la Iglesia pide públicamente y con autoridad, en nombre de Jesucristo, que una persona o un objeto sea protegido contra las asechanzas del Maligno y sustraída a su dominio, se habla de exorcismo*». La Iglesia distingue entre el exorcismo simple o menor y el exorcismo solemne o mayor.

En el número 1237 dice: «*Puesto que el Bautismo significa la liberación del pecado y de su instigador, el diablo, se pronuncian uno o varios exorcismos sobre el candidato. Éste es ungido con el óleo de los catecúmenos o bien el celebrante le impone la mano y el candidato renuncia explícitamente a Satanás*». Y justifica esta liberación del «pecado» de los recién nacidos porque «*han nacido con una naturaleza caída y una concupiscencia heredada de nuestros primeros padres*». Es lo que llaman el «pecado original», ya que, según San Agustín, los bebés nacen inclinados al mal e incapaces de vencerlo por sus propias fuerzas; así se les libera de la influencia del Maligno.

Durante la ceremonia de la primera comunión, recuerdo que teníamos que decir en voz alta: «*Renuncio a Satanás, a sus obras y seducciones, y prometo seguir siempre a Jesucristo*».

El llamado exorcismo mayor o solemne «*solo puede ser practicado por un sacerdote y con el permiso del obispo. En estos casos es preciso proceder con prudencia, observando estrictamente las reglas establecidas*

por la Iglesia» (número 1673). Estos sacerdotes son propiamente los exorcistas.

Existe un libro, cuya última edición la supervisó personalmente el papa Juan Pablo II en 1998, llamado *Ritual de exorcismo*. La Iglesia ha ido modificando este ritual con el paso del tiempo. Existe incluso la Asociación Internacional de Exorcistas, reconocida desde junio de 2014, para el *«servicio a la realidad enferma y perturbada del Maligno»*. Dicha asociación fue fundada en 1994 por dos reconocidos exorcistas: **Gabriele Amorth** y el padre **René Chenesseau**.

Don Gabriele Amorth, el terror del Maligno.

Existen aproximadamente 900 exorcistas alrededor de todo el mundo. De ellos, unos 100 son de lengua española para atender 19 países de América, más Guinea Ecuatorial y España. Según dicen en su página web, *«la AIE se dirige con amor preferencial a aquellos que, estando en el poder del Maligno, son los más pobres entre los pobres, necesitados de ayuda, de comprensión, de liberación y de consolación»*.

EL CASO DE ANNELIESE MICHEL

En 1975, un año después del estreno de la película *El exorcista,* en el Estado alemán de Baviera, una joven de solo veintitrés años fue sometida a un exorcismo. Se había negado a continuar el tratamiento psiquiátrico que tenía desde los dieciséis años. Murió un año después, en 1976, por desnutrición y deshidratación. Tanto sus padres como los sacerdotes que le practicaron el exorcismo fueron acusados de homicidio negligente y declarados culpables.

Rito oficial de los exorcismos, modificado tras 400 años.

La Iglesia católica estaba convencida de la necesidad de emplear el mismo ritual de cuatrocientos años de antigüedad. A raíz de este caso, la Iglesia estipuló que, en adelante, algún médico acompañaría siempre a los sacerdotes.

A los dieciséis años, Anneliese empezó a sufrir lo que parecían ataques epilépticos. Se encontraba tan deprimida que por temporadas fue ingresada en un hospital psiquiátrico sin un buen resultado. Ella era una católica devota y a veces, cuando rezaba, afirmaba ver «caras malignas». Convencida de ser víctima de una posesión diabólica, comenzó a pedir en su parroquia un exorcismo. Los médicos le habían prescrito medicación típica para la esquizofrenia y la estabilización emocional.

Habiendo abandonado el hospital psiquiátrico, los padres solicitaron el exorcismo en la parroquia local. **Luis Alt**, el párroco, estaba convencido de que se trataba de un caso de posesión diabólica. No dio resultado el exorcismo practicado. Entonces, el cura echó la culpa a la medicación que Anneliese tomaba para la esquizofrenia y, sencillamente, la suspendieron. En ocasiones ladraba como un perro, se dice que comía arañas, carbón e incluso le llegó a arrancar a un pájaro muerto la cabeza de un mordisco, meaba en el suelo y lamía su orina. Decía estar poseída por varios demonios distintos: Caín, Lucifer, Judas, Hitler o Nerón. Murió a los veintitrés años, anémica y con neumonía.

El consiguiente juicio se hizo mediático por lo polémico del asunto. El resultado de la autopsia no dejaba lugar a dudas: la muerte se produjo por desnutrición y deshidratación, lo que explicaría algunos de los síntomas. Si una persona deja de beber, al tercer día corre el riesgo de padecer un *shock* circulatorio, pues el agua es consustancial al propio organismo. Al faltar líquidos, baja la presión arterial y el corazón funciona peor. Si finalmente no se ingieren los líquidos necesarios, se llega a perder el conocimiento, la circulación fracasa, la sangre no llega al cerebro y entonces se produce la muerte. Todo esto explicaría por qué Anneliese llegó a beber su propia orina.

En el siglo XXI, la Iglesia católica ha sido mucho más cautelosa con la autorización de exorcismos. En general, los casos de posesión son extremadamente raros, y la Iglesia se enfoca principalmente en aquellos casos en los cuales no se encuentran claras señales de que los problemas se deban a causas psicológicas o médicas.

Existen informes de que varios países, a partir del estreno de la película *El exorcista,* han visto un aumento en la demanda de exorcismos, pero la Iglesia ha insistido en que estos rituales solo deben ser autorizados con pruebas suficientes de que se trata de un caso genuino de posesión. La mayoría de los científicos y psicólogos explican las posesiones como fenómenos culturales y psicológicos, además de enfermedades como la psicosis, la epilepsia, el trastorno de personalidad múltiple o el trastorno disociativo de identidad, que pueden producir síntomas que algunas personas interpretan como posesión. Existen la sugestión y la imaginación colectiva, que pueden llevar a las personas a comportarse de maneras que parecen encajar con lo que tradicionalmente se entendía como posesión.

La «posesión» también puede ser vista como una forma de manifestación de enfermedades mentales que no son reconocidas o comprendidas en su totalidad, especialmente en sociedades donde la religión desempeña un papel central en la vida de las personas. En este sentido, algunos psicólogos sugieren que la creencia en las posesiones es, en muchas ocasiones, una forma de darles sentido a experiencias traumáticas o incomprensibles, especialmente cuando se atraviesan situaciones de estrés emocional intenso.

En definitiva, el exorcismo sigue siendo un tema complicado y multifacético. Aunque los avances científicos proporcionan explicaciones racionales para la mayoría de los casos que anteriormente se interpretaban como posesiones, muchos dentro de la Iglesia católica lo ven como una herramienta espiritual legítima para ayudar a las personas. La Iglesia, al ser consciente de estos avances y las implicaciones de tratar problemas psicológicos con rituales, ha adoptado una postura más cautelosa, limitando el uso de los exorcismos a casos extremadamente raros y con un escrutinio mucho más riguroso.

La evolución del asunto está entre la tradición religiosa y las explicaciones científicas, y puede ser un terreno complicado para la Iglesia, que tiene que equilibrar su historia de rituales y creencias con el entendimiento moderno de la mente humana.

Entre los milagros realizados por Jesús y recogidos en el Nuevo Testamento se encuentra el denominado «milagro del cerdo» o exorcismo del endemoniado geraseno —de la ciudad de Gerasa, Jordania—. Según se narra, Jesús expulsa los demonios de un hombre y los traspasa a una piara de cerdos, que se vuelven locos lanzándose en su desesperación a un lago donde se ahogaron. ¿Qué culpa tendrían los gorrinos? Y la gracia que le haría al dueño perder a toda la manada.

Piara de 2.000 cerdos suicidándose, según el Evangelio de San Marcos.

El último exorcismo documentado en España tuvo lugar en 2014 en Burgos. Una joven de diecisiete años con claros trastornos psiquiátricos fue sometida a trece sesiones de exorcismo. En 2019, la joven falleció a los veintidós años tras ingerir una sobredosis de pastillas. El caso fue archivado en 2017, pero, dos años más tarde, se reabrió para investigar posibles coacciones.

Según el derecho canónico, en España existen 15 sacerdotes autorizados para realizar exorcismos, 8 de ellos en Madrid.

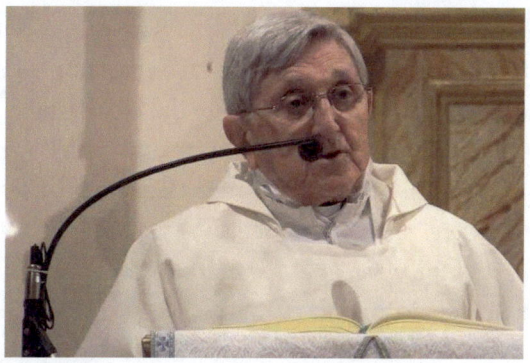

El padre Jesús Hernández Sahagún, «exorcista oficial» de Castilla y León. Fue acusado de lesiones graves, trato degradante, coacciones, inducción al suicidio y violencia física y psíquica.

El exorcista **Jesús Hernández Sahagún** falleció en 2023 a los ochenta y siete años. Tanto los padres de la chica como el sector más conservador de la Iglesia burgalesa creían estar ante un caso de posesión demoníaca en el barrio de Gamonal (Burgos).

Según información del *Diario de Burgos,* en 2012, la chica comenzó a padecer anorexia y ansiedad. Pertenecía al grupo religioso la Milicia de Santa María. A veces, la chica fallecida dejaba de comer como una forma de penitencia; en otra ocasión, se hizo cortes en las muñecas para flagelarse, según decía ella, por recomendación de su madre y de la Milicia de Santa María. Fue ella misma quien advirtió a los médicos de que tenía un demonio dentro que la engañaba y le pedía que se hiciera daño. Otra vez llegó a tirarse desde una tercera planta, quedando en silla de ruedas. En su desesperación, los padres acudieron al sacerdote Hernández Sahagún para que expulsara el diablo del cuerpo de su hija.

Por el atestado policial sabemos detalles de las ceremonias a las que fue sometida la joven. Ella pedía que detuviesen el rito, porque sentía *«dolor, miedo e impotencia»*. En esos ritos tumbaban a la chica y la sujetaban de brazos y piernas a los pies del altar para que no pudiese escapar. Le colocaban imágenes de santos por todo su cuerpo mientras una ayudante del exorcista la apretujaba con un crucifijo. El exorcista, tras rezar el rosario, le hizo beber agua con sal, al tiempo que preguntaba en voz alta: *«¿Quién eres, Satanás, Belcebú o el diablo en persona?* —y añadía en latín—: *Bestia inmunda, dixi mi como tu a dominaris»* (Bestia inmunda, dime, ¿cómo puedes ser dominada?).

La demanda de exorcismos ha aumentado en varios países en las últimas décadas. Esto se observa particularmente en aquellos lugares donde la religión, en especial el cristianismo, sigue siendo una parte importante de la vida cotidiana o donde las creencias espirituales tienen un papel destacado.

Italia, como cuna del Vaticano y centro del catolicismo, ha experimentado un aumento en la demanda de exorcismos en los últimos años. En opinión del sacerdote **Gian Matteo Roggio**, profesor en la Universidad del Sacro Cuore de Milán, puede deberse al incremento de problemas económicos y de salud mental relacionados con la pandemia provocada por el Covid-19. Afirma que ahora somos «*más vulnerables a la idea de que Satanás o alguna entidad maligna se ha apoderado de nuestras vidas. La gente ha caído en la pobreza, sufre de ansiedad y depresión*».

Sienten que sus vidas ya no están en sus propias manos, sino en manos de una fuerza maligna. Es una gran crisis. El problema ahora es saber si los curas están preparados para distinguir si los que reclaman esos exorcismos no padecen, en realidad, trastornos psiquiátricos en vez de «posesiones» demoníacas.

Según afirma el propio padre Matteo Roggio, los signos de «posesión» clásicos son:

1. La persona posesa es capaz de hablar de pronto idiomas que desconoce, normalmente, arameo antiguo, latín, griego clásico y hebreo. Esto plantea algunas incógnitas para su valoración objetiva. Tanto el latín como el griego clásico cada vez tienen, por desgracia, menos peso en los planes de estudio occidentales. Peor suerte corre el arameo antiguo. Tan solo unos centenares de especialistas lingüísticos en todo el mundo son capaces de hablarlo. Por lo tanto, sería difícil para cualquier persona certificar que alguien esté hablando en esa lengua.

En cuanto al latín, también es un enigma cómo sonaba. Ha llegado hasta nosotros el latín eclesiástico, pero el latín de Cicerón y de Virgilio (siglo I a. C.) sería el habla de los romanos educados, un latín que reflejaría, sin duda, una pronunciación elitista. Le pega más al demonio un latín obsceno y vulgar, con términos que seguramente los curas no aprenden en los seminarios.

2. ¡Pueden levitar! Desde una óptica científica, la levitación humana sin apoyo físico contradice todas las leyes de la física conocidas. Según la mecánica clásica de Newton, para que un cuerpo supere la gravedad terrestre sin una fuerza externa, necesitaría una fuente de energía capaz de generar una aceleración hacia arriba mayor que la aceleración gravitatoria (9.81 m/s^2). Hasta la fecha, no existen pruebas verificables de que una persona pueda levitar sin el uso de trucos, ilusiones ópticas o engaños.

Artista callejero simulando una levitación.

Por lo que sabemos, los estados de trance, éxtasis religioso y experiencias místicas pueden alterar la percepción de la realidad. La disociación o ciertas formas de epilepsia pueden generar la sensación subjetiva de flotación o ingravidez. Algunas estimulaciones cerebrales pueden inducir experiencias fuera del cuerpo. La llamada autoscopia está provocada por el sueño, el abuso de drogas y la anestesia general, relacionada, por tanto, con alucinaciones.

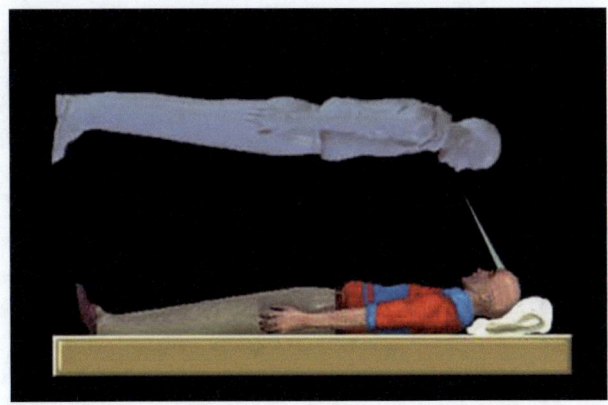

Fenómeno de autoscopia: el individuo cree estar despierto y ve una imagen de sí mismo desde una perspectiva externa.

Estas afirmaciones, realizadas por miembros de la Iglesia, aunque refutadas por la ciencia, solo pueden explicarse por la fe, el miedo o la desconfianza hacia el conocimiento científico. Pero en esta era de las ultraderechas globales, observamos un resurgimiento del pensamiento irracional y desconfianza hacia el cientifismo, lo que facilita la propagación de teorías sin fundamento. Si crees que las personas pueden levitar, lo demás vendrá por añadidura. Todos los casos de «éxtasis ascensional» y «marcha estática» nombrados con frecuencia dentro de la mística cristiana deben ser analizados críticamente desde el conocimiento científico.

3. Las personas poseídas pueden vomitar objetos como clavos y trozos de vidrio. Es de suponer que el contenido de los vómitos tendrá más que ver con lo que la persona haya ingerido. En los hospitales hemos conocido casos de pacientes psiquiátricos o reclusos que han ingerido los objetos más variados, sin que por ello tengamos que pensar en el demonio.

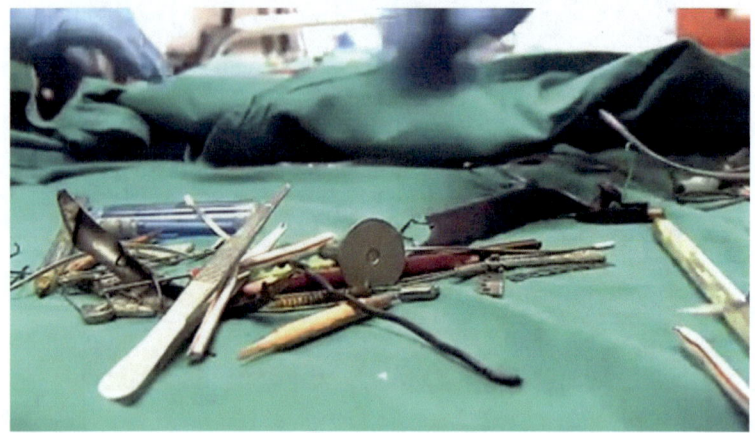

Objetos que el Dr. Juan Antonio Casellas, un endoscopista de Alicante, ha extraído de los estómagos de sus pacientes durante 30 años: botones, dados, monedas, chapas, pajitas, mecheros, bolígrafos, trozos de metal y alambres.

Mira que hay fechas en el calendario para celebrar cursos de exorcismo, pues la Iglesia los suele hacer coincidir con Halloween, y el lugar, Roma, en el Ateneo Pontificio Regina Apostolorum (APRA) de los Legionarios de Cristo, la congregación religiosa fundada en 1941 por el sacerdote mexicano **Marcial Maciel** (1920-2008), el de los abusos sexuales de, por lo menos, 60 menores. Tenía esposa e hijos, era corruptor de obispos y cardenales, pedía a los seminaristas que le hicieran masajes genitales para aliviar sus «grandes dolores»… ¡Él sí que era un demonio!

El Vaticano ha reconocido que existe un número creciente de solicitudes de exorcismos. A pesar de que los casos de «posesión» son raros, muchos italianos creen en la influencia de fuerzas malignas, y hay una creciente demanda de sacerdotes capacitados en este campo. En algunas regiones italianas, los exorcistas se han vuelto más visibles y conocidos.

En Estados Unidos, aunque la mayoría de la población sigue siendo cristiana, el auge del interés por el ocultismo, el esoterismo y los fenómenos paranormales ha llevado a un incremento en la solicitud de exorcismos, en particular, las comunidades católicas y algunas evangélicas. Ciertos programas de televisión y películas como *El exorcista* han ayudado a mantener el interés en este tema, y se han registrado muchos testimonios de personas que buscan la intervención espiritual para lo que interpretan como posesiones. Algunas diócesis han respondido a esto capacitando a más sacerdotes en el arte del exorcismo.

Polonia, un país con una fuerte tradición católica, también ha visto un aumento en la demanda de exorcismos. En 2013, el Vaticano reveló que el número de solicitudes de exorcismos en este país había aumentado considerablemente, impulsado en parte por un resurgimiento de la religiosidad y por el temor a las influencias malignas.

México es otro país de tradición católica, pero con influencias de religiones indígenas y prácticas espirituales populares que combinan lo católico con lo esotérico. En especial, al sur del país, en algunas zonas rurales, se percibe mayor interés por lo paranormal y las creencias en brujería. Algunas diócesis han formado a más exorcistas ante el incremento de la demanda de exorcismos.

Brasil, con una población predominantemente católica, pero con una fuerte presencia también de religiones afrobrasileñas y protestantes evangélicos, ha experimentado un crecimiento en la demanda de exorcismos en los últimos años. En algunas comunidades, las creencias en lo sobrenatural son comunes, y el exorcismo se ha convertido en una práctica más visible.

En Filipinas, un país de mayoría católica, la creencia en el mal y las posesiones sigue siendo muy fuerte, especialmente en las áreas rurales, donde se demanda mayor número de exorcismos. Los sacerdotes católicos en Filipinas han sido entrenados para realizarlos y hay una fuerte tradición espiritual en el país que favorece este tipo de prácticas. Además, las influencias de otras religiones y prácticas espirituales en la región también pueden estar contribuyendo al fenómeno.

Aunque India es un país con una pluralidad de religiones (principalmente, hindúes, musulmanes, cristianos y sijs), el interés por el exorcismo ha aumentado en las últimas décadas; las creencias en posesiones demoníacas y la intervención de exorcistas se mantienen vivas. Algunas personas recurren a exorcistas tradicionales o religiosos cuando sienten que están siendo víctimas de maleficios o posesiones.

En Nigeria, también se ha detectado un aumento significativo de exorcismos. La creencia en espíritus malignos y demonios es muy fuerte en muchas comunidades nigerianas, lo que ha llevado a un mayor número de personas a buscar ayuda espiritual para lo que creen son casos de posesión.

El tratamiento que dan a este asunto programas de televisión como el de Iker Jiménez, donde regularmente se habla de las posesiones y los exorcismos, puede llevar a muchos a creer en estas experiencias y buscar soluciones espirituales. En algunas culturas, la sugestión colectiva juega un papel importante. Las personas pueden interpretar experiencias extrañas como posesiones debido a sus creencias culturales o religiosas. Asimismo, las tensiones psicológicas y emocionales en las sociedades modernas pueden llevar a las personas a buscar explicaciones sobrenaturales. Así pues, mientras la Iglesia católica ha respondido a estas solicitudes capacitando a más exorcistas, la ciencia continúa explicando muchos de los fenómenos asociados a las «posesiones», como trastornos mentales y psicológicos. Sin embargo, en muchos de estos países la creencia en lo sobrenatural sigue siendo una parte importante de la vida cotidiana, lo que hace que el fenómeno siga vigente.

Iker Jiménez ha dedicado varios episodios y reportajes especiales a explorar el mundo de las posesiones y los exorcismos, abordando tanto los aspectos históricos como los testimonios contemporáneos, presentados siempre con gran dramatismo. Pero cada vez son más los especialistas escépticos que interpretan esas supuestas «posesiones» como trastornos psicológicos.

Es verdad que en *Cuarto Milenio* también se ha dado espacio a una visión escéptica del asunto, pero el estilo de Iker Jiménez es conocido por ser más receptivo hacia lo inexplicable. Expertos en psicología, neurología y psiquiatría han participado en los programas para analizar las posibles causas científicas detrás de lo que se interpreta como posesiones, destacando que muchos de estos casos podrían explicarse mediante trastornos psicológicos o trastornos neurológicos. Iker es consciente de que la cultura popular ha creado una imagen mítica del exorcismo que no siempre se corresponde con la realidad, pero insiste en reflejar el temor y la fascinación que genera el tema.

La historia en que se basa el argumento de la novela y la película *El exorcista* tuvo un gran impacto social. Sucedió en 1949. La URSS acababa de fabricar su propia bomba atómica. Estábamos en el inicio de la Guerra Fría, un período de tensiones políticas, ideológicas y militares entre los bloques liderados por Estados Unidos y la Unión Soviética. En Norteamérica se despertó una enorme paranoia anticomunista que incluía sospechas de agentes soviéticos infiltrados por el país. Fue la llamada «caza de brujas», liderada por el senador **Joseph McCarthy** (1908-1957) con acusaciones infundadas, denuncias, interrogatorios y procesos irregulares contra supuestos comunistas que figuraban en «listas negras». Se trataba de desmantelar lo que McCarthy percibía en su histérica obsesión como una amenaza interna por parte de comunistas y «subversivos» en el gobierno, el cine y la sociedad en general. La «caza de brujas» atentaba por motivos ideológicos incluso a la Constitución de Estados Unidos. Richard Nixon la apoyó.

El macartismo se conoce también como el «pánico rojo»: todo lo que oliese a izquierda debía ser perseguido y castigado en una histeria colectiva que incluía una campaña para difundir el miedo a una supuesta infiltración comunista. Era muy fácil ser acusado de espía soviético.

¿Pudieron la Iglesia católica y otras religiones en los Estados Unidos, y en los países occidentales en general, aprovechar esa corriente ultraconservadora y represora del librepensamiento? El contexto histórico y social en el que ocurrió la «posesión» que inspiró la novela *El exorcista* y la posterior película tuvo una gran influencia tanto en el tratamiento de ese caso como en el impacto cultural y social de la historia.

Roland Doe (seudónimo utilizado para proteger su identidad real) era un adolescente, supuestamente poseído por una entidad demoníaca, lo que llevó a la realización de exorcismos por parte de sacerdotes católicos. Este caso fue cubierto brevemente por los medios de comunicación en esa época, pero un cuarto de siglo más tarde, cuando William Peter Blatty escribió su famosa novela (1971) y William Friedkin la adaptó al cine en 1973, la historia cobró una enorme notoriedad.

Este ambiente de represión y control social generó un clima en el que las autoridades (religiosas, políticas y sociales) defendían la moralidad tradicional y los valores conservadores. La religión, particularmente el cristianismo conservador, desempeñó un papel crucial en mantener esa «normalidad» social. En este contexto, el catolicismo y otras religiones en los países occidentales, como el protestantismo en los Estados Unidos, vieron un resurgimiento de la devoción religiosa, especialmente entre las clases medias y los sectores más conservadores de la sociedad. El miedo al «comunismo ateo», que los líderes políticos vinculaban al materialismo y la irreligión, llevó a muchos a aferrarse aún más a la religión como un pilar moral que podía contrarrestar la ideología atea que representaban los comunistas.

En esta creciente polarización, lo conservador y lo religioso se unieron en una causa común contra lo que se interpretaba como amenaza a los valores tradicionales. La Iglesia aprovechó entonces la creciente sensibilidad religiosa para hacer crecer en la población el miedo a las «fuerzas del mal», representadas por el comunismo.

La «posesión» de Roland Doe y otros casos similares no solo alimentaron el miedo al mal espiritual, sino que también se dieron en un momento en que las religiones y las instituciones tradicionales eran vistas como una respuesta a los temores existenciales de la época. La idea de que algo tan malévolo como una posesión demoníaca pudiera estar ocurriendo en un país tan «bien protegido» como Estados Unidos fue explicada por algunos como un símbolo del desmoronamiento de las certezas tradicionales; de hecho, el cine y la literatura de la época comenzaron a explorar más estos temas de lo sobrenatural como un reflejo de los miedos que se vivían en la sociedad.

El miedo a la «posesión» y a lo demoníaco podría analizarse como una manifestación de ese mal absoluto que acechaba a la humanidad, y el ritual del exorcismo se mostraba como una forma de recuperar el control frente a fuerzas que escapaban a la razón humana. Esta explicación encajaba perfectamente con el clima de miedo y tensión de la época y, al mismo tiempo, apelaba al resurgimiento de la religiosidad en un momento en que muchos sentían que el mundo estaba perdiendo sus valores tradicionales.

En ese sentido, podría decirse que la Iglesia católica, entre otras religiones, aprovechó el contexto cultural de la época para reforzar su posición e influencia sobre la lucha entre el bien y el mal. El miedo al comunismo, la demonización de los «enemigos internos» y el aumento de la religiosidad conservadora crearon el caldo de cultivo ideal para que las religiones presentaran el mal —en forma de demonios o fuerzas malignas— como una amenaza real y actual que debía combatirse con la fe y la moral religiosa. Con su defensa de la moralidad tradicional, la Iglesia católica se posicionaba como fuerza moral frente a los peligros de una sociedad en crisis. El éxito cultural de *El exorcista* en los setenta reflejó y amplificó estos miedos.

7

Fantasmas: entre el mito, la creencia y el análisis científico

La figura de los fantasmas ha estado presente en prácticamente todas las culturas humanas, desde las antiguas civilizaciones hasta la era moderna. Ya estemos hablando de voces misteriosas, gritos desgarradores, lamentos de ultratumba, gemidos, llantos, cadenas que se arrastran o apariciones, los testimonios suelen ser de segunda mano, nunca nos los cuenta alguien que fuese testigo directo de una experiencia fantasmal.

Una encuesta realizada por la empresa Harris en 2013 reveló que casi la mitad de los estadounidenses (42 %) cree en fantasmas. Entre los británicos, según YouGov (empresa pionera en la realización de encuestas en línea), la cifra es muy parecida (39 %). Los humanos tenemos una asombrosa capacidad para imaginar o inventar historias de miedo, a veces lo hacemos como broma para asustar a alguien. Es todo un fenómeno sociológico.

Existen relatos de fantasmas en castillos, casas antiguas, cementerios o en muchos hospitales de España. Iker Jiménez dedicó buena parte de uno de sus programas a recopilar testimonios sobre una monja que supuestamente aparece de noche en el Hospital Regional Universitario de Málaga para curar a los pacientes: *«Esa mujer me echó una especie de aerosol y milagrosamente me curé»*. En *Cuarto Milenio* la describen como *«una extraña monja de ojos verdes»:* una enfermera religiosa que curaba a los pacientes cuando no había suficientes enfermeros. *«En mi habitación apareció una monja vestida como de otra época y me curó»,* decía otro de los titulares del programa de Iker. Como aparezcan más monjas como esta y se enteren los gerentes del SAS, igual disminuye aún más el número de sanitarios en la sanidad pública y los sustituyen por fantasmas que no cobran.

Ojalá se les aparecieran de verdad de noche los espíritus de aquellos enfermos que murieron sin haber recibido una asistencia digna por el afán privatizador de los actuales responsables de la sanidad.

Todas estas «historias» de apariciones espectrales, sombras incorpóreas y presencias invisibles que deambulan por lugares malditos forman parte del folclore global. A pesar de no existir pruebas científicas de su existencia, las historias de fantasmas disfrutan de una larga tradición desde las civilizaciones egipcia, griega o romana. En la Biblia no se encuentran fantasmas como espíritus de fallecidos; lo que sí hay son seres espirituales: los ángeles y los demonios.

Desde la antigüedad se creía que las almas de los muertos tenían por costumbre visitar los lugares donde vivieron, presagiando con sus apariciones muertes o desastres; en ocasiones, acuden para dejar algún mensaje o prevenir a sus seres queridos. A veces son descritos como seres luminosos, o bien, envueltos en su mortaja. Aunque den miedo, rara vez se muestran violentos con los humanos. De algún modo, los fantasmas nos dan la esperanza de corroborar que hay vida tras la muerte. Con la invención de la fotografía hacia finales de la década de 1830, algunos fotógrafos experimentaron efectos especiales como la doble exposición para conseguir imágenes falsas de supuestos fantasmas que reportaron buenos beneficios a algunos.

En todas las épocas han existido personas con supuestos poderes, capaces de contactar con las ánimas. Son los médiums o clarividentes del moderno ocultismo, pero que en otras épocas se llamaban hechiceros, nigromantes, curanderos, brujos o adivinos.

Supuesto espíritu de Abraham Lincoln tras la imagen de una señora (1865).

También solemos llamar «fantasma» o «fantasmón» a personas vivas con comportamientos presuntuosos y vanidosos, pero este libro no va de esos. En España y en los países latinos, no son muy frecuentes los relatos de fantasmas en comparación con los países nórdicos, donde culturalmente son más comunes.

En 1882 se fundó en Londres la Sociedad para la Investigación de Fenómenos Psíquicos (Society for Psychical Research), que llevó a cabo estudios serios sobre los médiums y las sesiones de espiritismo que por esas fechas estaban de moda. Se interesó por fenómenos tan diversos como la hipnosis, la clarividencia, la telepatía, las casas encantadas, las apariciones o la fuerza ódica. Su objetivo ha sido estudiar estos fenómenos libres de todo prejuicio.

Cuando hablamos de «fantasmas», nos referimos a entidades o espíritus que, supuestamente, persisten después de la muerte y serían capaces de interactuar de alguna forma con el mundo físico. Estos relatos, que atraviesan generaciones, suelen surgir en contextos de miedo, duelo o incertidumbre, y son profundamente subjetivos. Las personas que afirman haber tenido encuentros con espectros describen sensaciones de frío, ruidos inexplicables, objetos que se mueven solos o incluso apariciones visuales de figuras humanas.

Para quienes creen en lo paranormal, estas experiencias son prueba de la existencia de una realidad que trasciende la vida biológica. Sin embargo, el problema es que **la experiencia subjetiva no es evidencia científica**. La percepción humana es imperfecta y altamente influenciable por factores emocionales, culturales y psicológicos. En situaciones de estrés o sugestión, el cerebro puede interpretar estímulos ambiguos como señales de presencias paranormales.

La ciencia, al estudiar los fenómenos paranormales, parte de un principio básico: toda afirmación extraordinaria requiere evidencia extraordinaria. Hasta el momento, no existe evidencia empírica verificable que demuestre la existencia de fantasmas. Aunque se ha intentado, las investigaciones realizadas en supuestos lugares embrujados no han arrojado resultados concluyentes.

Equipos de cazadores de fantasmas suelen emplear herramientas como detectores de campos electromagnéticos, grabadoras de audio y cámaras infrarrojas, pero la mayoría de los registros obtenidos son fácilmente explicables mediante fenómenos naturales, interferencias tecnológicas o sesgos perceptivos.

Desde la neurociencia y la psicología se han identificado múltiples explicaciones para experiencias paranormales:

1. Parálisis del sueño: es la condición en la que una persona se despierta, pero su cuerpo sigue inmóvil. Durante este estado es común experimentar alucinaciones aterradoras, como la presencia de figuras oscuras en la habitación.

2. Infrasonidos: ondas sonoras de baja frecuencia (por debajo del umbral auditivo humano) pueden causar incomodidad, vibraciones corporales e incluso visiones periféricas extrañas. El profesor **Vic Tandy** (1955-2005) de la universidad de Coventry trabajaba en un laboratorio donde se producían ciertos fenómenos supuestamente paranormales. Él mismo llegó a experimentar ansiedad y ciertas visiones. Como científico que era, decidió investigar qué sucedía realmente. Logró descubrir que existía un ventilador en el laboratorio que emitía ondas de sonido de baja frecuencia, suficiente para lograr la resonancia del ojo humano, lo cual podría ser responsable de las percepciones que a veces tenía. Nuestros ojos y oídos están limitados a una banda concreta de luz y de frecuencia acústica. Pero tanto la luz visible como los sonidos que percibimos son solo una fracción muy pequeña del espectro visual y sonoro. Por ejemplo, las ballenas producen infrasonidos para comunicarse entre ellas; de igual modo, existen los rayos X, los gamma, las microondas, la luz ultravioleta o la infrarroja, aunque no podamos verla.

Todas nuestras percepciones deben ser descodificadas por el cerebro. El psicólogo cognitivo estadounidense **Donald David Hoffman** (1955), que estudió la conciencia, la percepción visual y la psicología evolutiva, dice que *«es imposible ver el mundo tal como es»*. Estamos limitados por la capacidad de los receptores de nuestros sentidos. La evolución nos dotó de los sentidos para sobrevivir, por ello nuestro cerebro no tiene como fin principal ver la realidad objetiva, de modo que lo que vemos, escuchamos y sentimos pasa por el filtro del cerebro que interpreta en función de su importancia para la supervivencia.

3. Efectos ambientales: cambios de temperatura, corrientes de aire o efectos de humedad pueden generar sensaciones de «presencias» o movimientos aparentemente inexplicables.

4. Sesgo de confirmación y sugestión: si una persona entra a un lugar con expectativas de experimentar lo paranormal, es mucho más probable que interprete cualquier ruido, sombra o sensación como evidencia de un fantasma.

Aunque la ciencia no avala la existencia de los fantasmas, el ser humano tiene una profunda necesidad de dar sentido a lo desconocido, especialmente cuando se enfrenta a la muerte y la pérdida. Creer en la posibilidad de un más allá o de la permanencia de los seres queridos en forma de espíritu proporciona consuelo y continuidad en medio de tanta incertidumbre existencial.

Además, los relatos paranormales alimentados por el cine, la literatura y los medios de comunicación son un fenómeno culturalmente tan atractivo, que es fácil dejarse influir. Así que, pese a lo que pueda sugerir Iker Jiménez, hasta que se presente una prueba sólida y replicable, la explicación más racional a los fenómenos atribuidos a fantasmas recae en factores psicológicos, ambientales y culturales. Los fantasmas, más que entidades reales, parecen ser reflejos de nuestras emociones, miedos y la eterna curiosidad por el misterio de la muerte.

SEGUNDA PARTE

CUÉNTAME UN BULO Y TE MONTARÉ UN DISCURSO

El poder político de las leyendas urbanas

8

Nazismo y ocultismo

El interés del nazismo por lo esotérico y paranormal es bien conocido. Uno de sus líderes más influyentes, **Heinrich Himmler** (1900-1945), estaba particularmente interesado en prácticas misteriosas como la magia, la alquimia, la adivinación y lo paranormal en general, persuadido de que, basándose en antiguos mitos germánicos, podría ayudar al régimen a una especie de retorno a las raíces ancestrales del pueblo ario. Para ello, fundó la **Ahnenerbe** (Herencia Ancestral), una organización dentro de las SS que promovía investigaciones en esoterismo, arqueología y cultura ancestral para justificar la ideología nazi y la supremacía aria.

Los nazis se dieron cuenta de la enorme influencia que tenían las creencias en lo sobrenatural y su utilización como herramienta de propaganda. En el fondo, se trataba de utilizar símbolos y mitos a menudo relacionados con la cultura pagana germánica y el ocultismo para crear una narrativa de superioridad racial que justificara su legitimidad en el poder. Aspiraban a explorar los límites de la ciencia y la magia, buscando contactar con lo «desconocido» para ganar autoridad. Algunos informes hablan de intentos de utilizar rituales mágicos y símbolos ocultos para influir en el curso de la guerra y conseguir la victoria.

Desfile de las Juventudes Hitlerianas formando una esvástica en 1933.

La esvástica, como símbolo, tiene, al menos, siete mil años. Era solo un amuleto de la buena suerte, sin más implicaciones políticas ni ideológicas, una divisa relacionada con el bienestar, la fortuna, el éxito y la prosperidad. Incluso la compañía Coca-Cola en 1925 la utilizó como estrategia publicitaria.

Llavero promocional de Coca-Cola con la esvástica en 1925. Trataba de relacionar la marca con la felicidad y la riqueza.

Pero la irrupción de Hitler en el poder supuso la apropiación del símbolo por los nacionalsocialistas, pasando en poco tiempo a ser emblema de odio, terror y genocidio. Coca-Cola llegó a tener en la Alemania nazi 50 factorías de producción, siendo además una de las grandes patrocinadoras de los Juegos Olímpicos de Berlín de 1936. Hitler era consciente del escaparate propagandístico mundial que la Olimpiada podría proporcionarle; sin embargo, no pudo ocultar la ruindad del racismo tras una «inocente» apariencia deportiva. Se trataba de mostrar al mundo la superioridad física, técnica, táctica y tecnológica del pueblo alemán en un enfrentamiento deportivo interpretado como representación simbólica de una guerra entre estados, además de la oportunidad de exhibir su capacidad económica y organizativa.

Joseph Goebbels. Pasó de filólogo a ministro de Propaganda del Tercer Reich, ejerciendo su labor manipuladora desde 1933 hasta su suicidio en 1945 junto a su esposa Magda, asesinando antes entre ambos a sus seis hijos. Si por «amor» se cargaron a sus propios hijos, es fácil imaginar lo que fueron capaces de hacer por odio, desprecio y rencor.

Conformaban la perfecta familia aria, la «raza pura y superior». El único que sobrevivió fue Harald (de uniforme), hijo del primer matrimonio de Magda.

Los nazis se involucraron en experimentos paranormales. Se dice que trataron de hallar el **Santo Grial** o la **lanza de Longinos**, objetos mágicos capaces, según Hitler, de conferir poderes sobrenaturales que lo harían invencible.

Se especula sobre programas secretos de investigación en cuestiones como la telepatía, la telequinesis y la visión remota. Hay teorías sobre la existencia de un «poder oculto» llamado **Vril**, que se dice fue una fuente de energía o poder que los nazis trataron de descubrir o explotar. Estas ideas se asocian con conceptos de sociedades secretas que influenciaron la ideología del régimen. También existen leyendas y teorías que sugieren que los nazis construyeron bases secretas en la Antártida, donde llevaron a cabo experimentos paranormales y de ingeniería avanzada, aunque no hay evidencia concreta que respalde estas afirmaciones. Están más bien relacionadas con las **Wunderwaffe** (Armas Maravillosas) —así las llamaba el Ministerio de Propaganda nazi—, armas con las que pretendían cambiar el curso de la guerra, dando la victoria final a Alemania. Algo había de cierto, pues tanto los Estados Unidos como la Unión Soviética compitieron al final de la contienda por llevarse a sus respectivos países a determinados científicos alemanes y proyectos de portaaviones, acorazados, submarinos, carros blindados, etc.

El Kugelpanzer, extraño vehículo blindado, minitanque redondo.

La relación entre el nazismo y el ocultismo ha sido explorada en la cultura popular, en películas, libros y documentales. Películas como *Indiana Jones* o series como *Hellboy* basan sus guiones en la conexión entre el nazismo y lo sobrenatural. El legado de la obsesión nazi por el ocultismo sigue siendo un tema de interés histórico.

9

Ciencia frente a bulos

Los fenómenos paranormales, lejos de ser un simple objeto de fascinación, se utilizan para expandir falsas teorías que tienen consecuencias reales en la sociedad. La veracidad informativa en programas como los de Iker Jiménez está en un segundo plano. Prima el interés en apelar a las emociones y las creencias personales para influir en la opinión pública. Ofrece más beneficio lo que hoy día conocemos como la «posverdad». Los hechos objetivos tienen una influencia relativa en la formación de la opinión pública. Este fenómeno consistente en distorsionar la realidad ha ganado relevancia en los últimos años, especialmente con el auge de las redes sociales y la proliferación de información no verificada.

El vicepresidente estadounidense J. D. Vance, durante la campaña electoral que aupó al poder al partido republicano, tras reconocer la mentira que afirmaba que los inmigrantes haitianos se comían a los perros y a los gatos, dijo: «*Si tengo que inventarme historias para que los medios presten atención al sufrimiento de los estadounidenses, es lo que voy a hacer*».

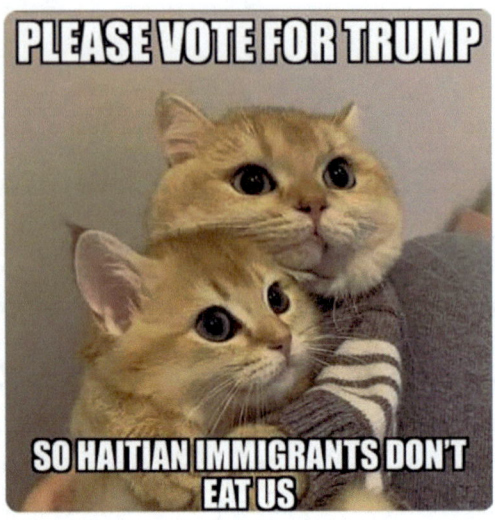

«Por favor, vota por Trump, para que los inmigrantes haitianos no nos coman» (meme compartido por el partido republicano).

La «posverdad», un fenómeno donde las emociones y las creencias personales prevalecen sobre los hechos verificables, alimentando la polarización y el rechazo a la evidencia. Los bulos no suelen propagarse por error. A menudo son creados y distribuidos con la intención de generar desinformación. Desde el programa de Iker, en ocasiones, se aprovecha la «posverdad» para moldear la narrativa a su gusto. La extrema derecha utiliza las redes sociales como una poderosa herramienta de difusión, ya que las plataformas permiten que los mensajes emocionales y polarizadores lleguen rápido a grandes audiencias.

Un caso claro de manipulación de la «posverdad» en el programa de Iker fue cuando trató el fenómeno de los *chemtrails*. En varios episodios se discutió la teoría de que los aviones dejan intencionadamente rastros químicos en la atmósfera para fines nefastos, como el control de la población o el clima. A pesar de que no existe ninguna evidencia científica que respalde esta teoría, en los programas de Iker Jiménez se ofrecieron testimonios, imágenes y «pruebas» visuales que apelaban a la emoción de los espectadores, creando un ambiente en el que las creencias personales o el miedo a lo oculto se reforzaban pese a la falta de datos objetivos. Es decir, se construye una narrativa emocional que termina activando el miedo y la desconfianza hacia instituciones como el Gobierno. La idea final que transmite Iker es la de que «algo no nos están contando».

En algunos episodios de *Cuarto Milenio* se ha abordado la crisis migratoria mediante un procedimiento sensacionalista, utilizando testimonios y relatos que alimentan el miedo a la inmigración, sin una reflexión crítica sobre las causas de los movimientos migratorios o los beneficios de la diversidad cultural. Es verdad que Iker se guarda de sostener de modo explícito que exista una conspiración en estos términos, pero la forma en que se presenta da pie a que la creencia conspirativa crezca en la audiencia. Casi siempre se enfoca en imágenes dramáticas de multitudes de migrantes en situaciones extremas, y se presenta como una «amenaza inminente», lo que apela directamente al miedo, la xenofobia y la desconfianza.

Iker es un manipulador de la realidad al enfocarse más en una narrativa sensacionalista para afectar las emociones de los espectadores. Parece mentira que a estas alturas del siglo XXI tengamos que refutar estas falacias.

En lugar de ceder ante el atractivo de lo inexplicable, es crucial que como sociedad nos apoyemos en métodos de investigación verificados y responsables para discernir la verdad de la ficción y fomentar un debate informado y libre de manipulaciones. Responder a las teorías conspirativas puede ser a la vez una llamada de atención a la necesidad urgente de promover la educación científica y el pensamiento crítico frente a la desinformación, que amenaza con socavar los logros de la razón y el conocimiento en nuestra sociedad.

10

Supersticiones, iglesia y ultraderecha

La superstición es una creencia contraria a la razón, según la cual algunos fenómenos tienen una explicación mágica, son creencias sin base científica. Suelen basarse en tradiciones populares con cierto arraigo, pero no son irrelevantes, puesto que algunas pseudociencias evolucionaron con el tiempo hasta convertirse en ciencias. Los casos más conocidos son la astronomía, que fue una evolución científica de la antigua astrología, o la química, una evolución de la alquimia.

La relación entre religión, magia y superstición ha sido objeto de estudio y debate a lo largo de la historia. Aunque a menudo se presentan como fenómenos distintos, sus interconexiones son profundas y reflejan las formas en que los seres humanos intentamos comprender y controlar el mundo que nos rodea.

Desde tiempos antiguos, la religión ha funcionado como un sistema de creencias organizado que busca explicar el origen y propósito de la existencia. En muchas culturas, los rituales religiosos están diseñados para establecer una conexión con lo divino y asegurar la protección o el favor de los dioses. Sin embargo, estos rituales pueden compartir características con la magia, entendida como la manipulación de fuerzas sobrenaturales para obtener resultados específicos.

La línea entre religión y magia es, en muchos casos, difusa. Por ejemplo, las prácticas de brujería eran condenadas por considerarse intentos de influir en el mundo a través de medios ilícitos. La superstición se relaciona con creencias y prácticas que carecen de una base doctrinal establecida, pero que persisten en la cultura popular. Muchas supersticiones derivan de antiguas prácticas mágicas o religiosas que han perdido su contexto original. El temor a romper un espejo, la creencia en la mala suerte de pasar debajo de una escalera o la práctica de tocar madera para evitar desgracias pueden rastrearse hasta antiguas concepciones religiosas o mágicas que han sido reformuladas a lo largo del tiempo.

A pesar de las diferencias en sus fundamentos y objetivos, religión, magia y superstición comparten la búsqueda de orden y seguridad en un mundo incierto. En muchos casos, las fronteras entre estas categorías son establecidas por las instituciones religiosas o por las estructuras de poder que buscan legitimar ciertas creencias mientras descalifican otras. Así, lo que en una sociedad se considera un acto religioso legítimo, en otra puede ser visto como magia o superstición. La interrelación entre religión, magia y superstición es un reflejo de la complejidad del pensamiento humano y de nuestra necesidad de entender lo desconocido. A lo largo de la historia, estas tres manifestaciones han evolucionado, influenciado y redefinido mutuamente, demostrando que la manera en que interpretamos el mundo está profundamente arraigada en nuestras creencias y tradiciones.

La mayoría de nosotros cree o ha creído en alguna que otra superstición, quizá para vencer el miedo o la incertidumbre que forman parte de la vida. Cruzarse con un gato negro, el número

13, los antojos en el embarazo, etc., se mantienen en nuestra sociedad. Seguramente nacen de la necesidad de seguridad y protección ante la adversidad de nuestra existencia.

El miedo y la fe tienen más fuerza aún que el razonamiento lógico. Puede que gran parte del éxito de las religiones se deba a que los seres humanos necesitamos creer en algo para sentirnos seguros, aceptando ciertas «magias» que nos proporcionen sensación de bienestar, seguridad y equilibrio. El problema surge cuando estas creencias nos restan libertad.

Hablar de lo paranormal suele ser bien aceptado y genera una buena clientela o audiencia. Si los periódicos siguen publicando horóscopos es porque la gente los consulta. Las ideas fantásticas tienen que ver con nuestra vida cotidiana, se ha dado en todas las épocas. De algún modo, las supersticiones nos permiten enfrentar con mayor seguridad ciertos misterios de la vida. Las diversas culturas en la historia aportaron cada una un poso supersticioso. Desde los augurios romanos, hasta las creencias en la mala suerte del número 13, la civilización occidental ha heredado un sinfín de ideas que desafían la racionalidad.

He aquí una selección de supersticiones que desde la Edad Media estaban extendidas por Occidente. Algunas de ellas han resistido al paso de las generaciones.

El miedo a los eclipses: se creía que eran señales de castigos divinos o presagios de desastres.

La adivinación por sortilegios: métodos como la bibliomancia (abrir un libro al azar para predecir el futuro) o lanzar dados para interpretar la suerte.

Los poderes mágicos de las reliquias: la creencia de que ciertos huesos o prendas de santos podían curar enfermedades instantáneamente.

Los exorcismos teatrales: casos donde sacerdotes expulsaban demonios en ceremonias públicas que, según Le Brun, eran fraudes o histeria colectiva.

El poder de las palabras mágicas: frases o conjuros que, recitados de forma correcta, otorgaban, supuestamente, protección o poder sobre el destino.

Los augurios de los sueños: se consideraba que ciertos sueños eran mensajes divinos o premoniciones infalibles.

Las maldiciones familiares: la creencia de que una familia podía estar condenada por una maldición ancestral.

La influencia de los astros en la vida humana y en la toma de decisiones importantes.

El uso de amuletos y talismanes: desde piedras grabadas hasta patas de conejo, se confiaba en objetos para alejar el mal.

La licantropía y otras metamorfosis: historias sobre hombres que se convertían en lobos o en otras bestias por pactos demoníacos.

Los milagros falsos y las apariciones manipuladas: relatos exagerados o directamente inventados de santos y vírgenes.

El poder de los muertos para regresar como fantasmas o vampiros: se creía que ciertos cadáveres podían volver a la vida, si no se realizaban los rituales adecuados.

Las varillas adivinatorias: se usaban para encontrar agua, tesoros ocultos o incluso criminales.

Los niños nacidos con «señales especiales»: creencias de que un lunar, una marca de nacimiento o incluso nacer con un diente auguraba un destino extraordinario.

La magia de los espejos: desde usarlos para ver el futuro hasta creer que romper uno traía siete años de mala suerte.

El poder de los números: creencias en números «malditos» (como el 13) o «sagrados» (como el 7 o el 3).

El mal de ojo: la idea de que una mirada envidiosa podía enfermar o matar a alguien.

Los exvotos mágicos: objetos ofrecidos en iglesias para pedir protección o milagros.

Las estatuas y cuadros que lloran o sangran: fenómenos que muchas veces resultaban ser fraudes piadosos.

El miedo a los cometas: se creía que estos astros anunciaban guerras, plagas o la muerte de un rey.

Los duendes domésticos: espíritus que, supuestamente, ayudaban o atormentaban a los habitantes de una casa.

Los pactos con el diablo: relatos sobre brujas y magos que vendían su alma a cambio de poderes.

Las maldiciones de los muertos: se decía que ciertas tumbas albergaban a difuntos que podían vengarse desde el más allá.

El uso de cabellos y uñas en brujería: se creía que podían servir para hechizos de amor o maldiciones. Guardar uñas o dientes cortados evitaba que alguien los usara para hacer hechizos contra su dueño.

La transformación de objetos en oro: falsa alquimia que supuestamente permitía convertir metales en oro con la «piedra filosofal».

Paganini (1782-1840). La leyenda habla de un supuesto pacto con el diablo, según el cual, las almas de mujeres con voces hermosas estaban guardadas en su violín. Hoy sabemos que el secreto de Paganini consistía en más de diez horas diarias de práctica desde los cinco años. Sin embargo, cuando falleció a los 58 años, el obispo de Niza le negó el entierro religioso, por lo que permaneció embalsamado en el sótano de su casa durante mucho tiempo.

El sacrificio de animales para atraer la buena fortuna: matar gallos o cabras en ciertos rituales supuestamente traía prosperidad.

Las procesiones contra la peste y el hambre: marchas religiosas para ahuyentar epidemias o atraer lluvias.

Los «toques reales» para curar enfermedades: se creía que algunos reyes podían sanar con solo tocar a un enfermo.

El miedo a los gemelos o a los niños zurdos: se los consideraba de «doble naturaleza» o con vínculos con lo diabólico.

La voz de los muertos en los sueños: se pensaba que los difuntos podían comunicarse a través de los sueños para dar advertencias o pedir misas.

Los cadáveres incorruptos como señal de santidad: creencia de que un santo debía permanecer intacto tras la muerte.

El uso de sangre en rituales mágicos: se creía que la sangre humana o animal tenía poderes sobrenaturales y se usaba en hechizos.

Las palabras prohibidas: ciertas palabras o nombres no debían pronunciarse, porque podían invocar al diablo o atraer desgracias.

El poder de los huesos de los ahorcados: considerados amuletos para la suerte o ingredientes.

Los cadáveres que rechazan la tierra: se decía que ciertos cuerpos no podían ser enterrados porque eran vampiros o poseídos.

La «danza de los muertos»: creencia de que los difuntos podían levantarse de sus tumbas y bailar en ciertas fechas.

La danza de los muertos.

Las lluvias de ranas o peces: fenómenos naturales interpretados como señales del cielo o brujería.

Ilustración del antropólogo sueco O. Magnus de una lluvia de peces en 1555.

El miedo a las sombras y reflejos: se creía que perder la sombra o que un reflejo desapareciera era señal de muerte inminente.

El poder de la menstruación: se decía que una mujer menstruante podía agriar la leche, secar plantas, debilitar metales o, incluso, cortar una mayonesa.

Los cadáveres que goteaban sangre al tocar a su asesino: se pensaba que los cuerpos de los asesinados «delataban» a su verdugo sangrando al contacto.

Las campanas contra tormentas y demonios: se creía que hacer sonar campanas podía disipar rayos, tormentas y espíritus malignos.

El veneno de las brujas: historias sobre hechiceras que podían matar con solo soplar o mirar fijamente.

Los niños cambiados por hadas o demonios: se temía que algunas criaturas místicas raptaban bebés y dejaban a cambio un «sustituto».

Las «palmas ardientes» como presagio: se creía que sentir picazón o ardor en las manos anunciaba ganancias o pérdidas de dinero.

Las momias molidas como medicina: en la Edad Media, y hasta el siglo XIX, se vendían restos de momias egipcias como remedio para todo tipo de enfermedades: dolor de cabeza, peste bubónica, artritis, reuma y el cáncer.

Bote de farmacia con la inscripción «MUMIAE».

Los cadáveres que «resucitan» en el ataúd: relatos de muertos que abrían los ojos, suspiraban o incluso gritaban en su propio funeral.

La superstición del pan al revés: colocar el pan boca abajo en la mesa traía desgracia o invitaba al diablo a la casa.

Las «manos milagrosas» de los ajusticiados: se creía que la mano de un ahorcado podía curar enfermedades o incluso abrir cerraduras, sobre todo en combinación con una vela hecha de grasa del cadáver del mismo malhechor.

Mano de un ajusticiado.

Las «cadenas del infierno» en el cielo: formaciones de nubes en largas filas eran vistas como señales de castigo divino.

El llanto de las estatuas como presagio: historias sobre imágenes religiosas que lloraban antes de guerras o tragedias. Si la estatua es de la Virgen María, la Iglesia lo interpreta como un llamado a la conversión, la penitencia o la oración. Se ha comprobado que las lágrimas son en realidad gotas de condensación, ya que la estatua está hecha de material de densidad variable y puede condensar agua en las partes más frías.

El número 666 como maldición segura: originado en el libro bíblico del Apocalipsis, donde es descrito como el «número de la bestia», asociado con Satanás o el Anticristo. Muchas personas lo evitan a toda costa en fechas, casas o nombres. El miedo irracional o fobia al número 666 recibe el nombre de hexakosioihexekontahexafobia. Se lo considera un artefacto del cristianismo popular.

Un caso famoso de hexakosioihexecontahexafóbicos fueron **Ronald Reagan** y su esposa **Nancy**. En 1989, se mudaron a Los Ángeles. Su dirección era el 666 de St. Cloud Road y usaron su influencia para cambiarlo al 668. Además, el nombre **Ronald Wilson Reagan** está formado por tres palabras de 6 letras. Por otra parte, los cristianos evangélicos holandeses celebraron una vigilia el martes día 6 del 6 de 2006 para alejar las fuerzas del mal. Fue llamado el Día del Diablo. La 20th Century Fox eligió esa misma fecha para estrenar un *remake* de la película *La profecía*, en la que un padre se da cuenta de que su hijo es el Anticristo.

Los «ojos vacíos» de los muertos como advertencia: se decía que mirar fijamente los ojos de un cadáver traía mala suerte o anunciaba la propia muerte.

Los zapatos al revés como augurio de muerte: encontrar un zapato volteado en la casa significaba un fallecimiento cercano.

Las «velas que se apagan solas»: se interpretaba como la señal de que un espíritu estaba presente.

El vuelo de los cuervos como presagio: se creía que si un cuervo volaba en círculos sobre una casa, alguien moriría pronto.

Alfred Hitchcock con un cuervo en 1963 durante el rodaje de Los pájaros.

El agua bendita hirviendo al tocar a un pecador: se contaba que los criminales o herejes no podían tocar agua bendita sin que esta burbujeara.

Los gatos negros como emisarios del diablo: se pensaba que los gatos, especialmente negros, eran brujas transformadas o traían mala suerte.

La magia de las herraduras: colocarlas en las puertas servía para ahuyentar la desgracia y el mal de ojo. Su origen se debe, al parecer, a San Dunstán, que vivió en el siglo X. Antes de obispo, trabajó como herrero; en cierta ocasión se le presentó una criatura mitad hombre y mitad bestia para pedirle que le herrara las pezuñas. San Dunstán, percatándose de que se trataba del diablo, le dijo que para hacer bien su trabajo necesitaría atarlo. El diablo accedió y el santo aprovechó para colocarle las herraduras al rojo vivo. El diablo le imploró que lo liberase y San Dunstán lo hizo, pero con una condición: que no entrase jamás en las casas que tuviesen una herradura en la puerta. De ahí parece proceder esta antigua costumbre.

El sacrificio de gallos en las construcciones: en algunas culturas se enterraban gallos vivos bajo edificios para darles «fuerza».

El crujido de muebles como señal del más allá: sonidos inexplicables en la madera eran tomados como mensajes de los muertos.

Los objetos malditos que regresan solos: relatos de objetos robados o comprados que volvían misteriosamente a su lugar de origen.

Los muertos que susurran en el viento: se creía que cuando el viento ululaba por las noches, eran los espíritus de los difuntos hablando.

Las tijeras abiertas como invitación a la muerte: dejarlas abiertas traía peleas, desgracias o incluso la muerte en la familia.

Las máscaras que atrapaban el alma: algunos evitaban los disfraces o máscaras porque podían atrapar su espíritu dentro.

Los espejos cubiertos durante el luto: se creía que los reflejos podían atrapar el alma del difunto si no se tapaban los espejos en la casa.

El eco como voz de los espíritus: algunos creían que los ecos en montañas o cuevas eran respuestas de seres sobrenaturales.

El sudario que cambia de color: se decía que si el sudario de un muerto oscurecía repentinamente, era señal inequívoca de que el alma no había encontrado paz.

Los fantasmas que aparecen en el fuego: las llamas con formas extrañas eran interpretadas como mensajes de ultratumba.

El teólogo racionalista francés **Pierre Le Brun** (1661-1729), en su obra *Historia crítica de las supersticiones prácticas que han engañado a los pueblos y embarazado a los sabios*, realizó un minucioso estudio sobre creencias irracionales que habían persistido en la sociedad, muchas con raíces en la Edad Media y la antigüedad. Intentó desmentir las supersticiones desde una perspectiva crítica e ilustrada, argumentando que la mayoría se basaban en el miedo, la ignorancia o fraudes intencionales.

Pierre Le Brun hizo un esfuerzo por desmontar todas estas creencias, mostrando que muchas eran fruto del miedo, la ignorancia o simples coincidencias. Escribió esta obra en plena Ilustración, cuando la razón comenzaba a desafiar las creencias irracionales que habían dominado Europa durante siglos. Su objetivo era desmantelar supersticiones populares que, según él, mantenían a la sociedad en la oscuridad y servían como herramienta de control tanto de la Iglesia como de los gobernantes. Pero no pudo evitar cierta polémica sobre su obra.

A pesar de que Le Brun era un hombre de fe, su crítica a las supersticiones tocaba temas sensibles, especialmente aquellos vinculados a la Iglesia. Muchas de las creencias que él denunciaba, como los milagros falsos, los exorcismos exagerados y el poder mágico de las reliquias, eran parte del imaginario religioso de la época. Muchas iglesias generaban grandes ganancias mostrando sus reliquias. Por ello, aunque Le Brun no atacaba la fe en sí, desafiaba muchas creencias tradicionales. Algunos monjes y clérigos trataron de desacreditarlo acusándolo de sembrar dudas entre los fieles.

En algunos círculos religiosos, se dice que el libro fue «exorcizado» en, al menos, dos ocasiones, porque algunos sacerdotes aseguraban que criticar las supersticiones era tentar al diablo. De hecho, en un monasterio de Francia, al recibir copias del libro, rociaron las páginas con agua bendita y las dejaron abiertas junto a una imagen de San Miguel para «purificarlo». ¡Como si el libro fuera una entidad peligrosa!

Se convirtió en una referencia para muchos intelectuales ilustrados que querían desterrar el pensamiento mágico de la sociedad. Inspiró a autores posteriores que continuaron con sus críticas a la superstición, como Voltaire y Diderot. Sin embargo, algunas de las supersticiones que denunció siguen vivas hoy en pleno siglo XXI: el miedo a los gatos negros, el mal de ojo, los números malditos… Lo más irónico es que, a pesar de haber sido escrito para erradicar la superstición, su historia está llena de misterio y relatos oscuros. Algunas copias desaparecieron de bibliotecas sin explicación, y se dice que en la primera edición una tipografía errónea formó «666» en una página al azar, lo que alimentó aún más su reputación de libro maldito.

La transición histórica de la pseudociencia a la ciencia: un viaje hacia el conocimiento racional

La historia del conocimiento humano está marcada por la evolución constante, en la que las ideas pseudocientíficas y místicas han dado paso, gradualmente, a métodos rigurosos y empíricos que definen lo que hoy conocemos como ciencia. Esta transición no fue lineal ni inmediata, sino un proceso complejo que involucró cambios culturales, filosóficos y tecnológicos. Para comprender cómo la humanidad pasó de la alquimia a la química, de la astrología a la astronomía, y de las creencias mágicas a la medicina basada en la evidencia, es necesario explorar los hitos clave que marcaron este camino.

En las civilizaciones antiguas, el conocimiento del mundo estaba profundamente entrelazado con la religión, la magia y las explicaciones sobrenaturales. Los fenómenos naturales, como los eclipses, las enfermedades o las estaciones, se atribuían a la voluntad de los dioses o a fuerzas ocultas. La pseudociencia, en este contexto, no era una distinción clara, sino una forma de entender el mundo a través de mitos y rituales. Por ejemplo, la alquimia, que floreció en el mundo antiguo y medieval, buscaba transformar metales básicos en oro y descubrir el elixir de la vida eterna. Aunque sus métodos carecían de base empírica, la alquimia sentó las bases para la química moderna al explorar las propiedades de los materiales y las reacciones químicas. De manera similar, la astrología, que intentaba predecir el destino humano a través de los astros, contribuyó al desarrollo de la astronomía al fomentar la observación sistemática del cielo.

El punto de inflexión en la transición de la pseudociencia a la ciencia se produjo durante la revolución científica (siglos XVI y XVII). Este período vio el surgimiento de figuras como **Nicolas Copérnico, Galileo Galilei, Johannes Kepler** e **Isaac Newton**, quienes desafiaron las explicaciones tradicionales y buscaron comprender el universo a través de la observación, la experimentación y las matemáticas.

Galileo, por ejemplo, utilizó el telescopio para observar los cielos y proporcionó evidencia empírica que apoyaba el modelo heliocéntrico de Copérnico, desafiando la visión geocéntrica predominante. Kepler formuló leyes matemáticas que describían el movimiento de los planetas, mientras que Newton unificó la física con su teoría de la gravitación universal. Estos avances no solo transformaron la astronomía y la física, sino que también establecieron el método científico como la herramienta principal para adquirir conocimiento.

El método científico, basado en la observación, la hipótesis, la experimentación y la revisión por pares, se convirtió en el estándar para distinguir entre el conocimiento válido y las creencias infundadas. Este enfoque permitió a los científicos separar gradualmente las ideas pseudocientíficas de las explicaciones basadas en la evidencia.

El siglo XVIII, conocido como la Era de la Ilustración, consolidó la transición hacia la ciencia moderna. Filósofos y científicos como **Rene Descartes, Francis Bacon, Immanuel Kant** y **Denis Diderot** enfatizaron la importancia de la razón, la lógica y la evidencia empírica. La Ilustración promovió la idea de que el conocimiento debía ser accesible y verificable, lo que llevó a la creación de enciclopedias y sociedades científicas que difundieron el pensamiento racional. Durante este período, disciplinas como la química, la biología y la geología comenzaron a emerger como ciencias independientes. **Antoine Lavoiser**, considerado el padre de la química moderna, refutó la teoría del flogisto (una idea pseudocientífica sobre la combustión) y estableció las bases de la química basada en la conservación de la masa. De manera similar, la biología evolucionó gracias a figuras como **Carl Linnaeus**, quien desarrolló un sistema de clasificación de los seres vivos, y más tarde, **Charles Darwin**, cuya teoría de la evolución por selección natural revolucionó la comprensión de la vida.

En los siglos XIX y XX, la ciencia se profesionalizó y se integró en instituciones académicas y laboratorios. La física, la química, la biología y otras disciplinas se especializaron y desarrollaron métodos cada vez más sofisticados. La pseudociencia, aunque no desapareció por completo, fue marginada en gran medida por la comunidad científica. Sin embargo, este período también vio el surgimiento de nuevas formas de pseudociencia, como la **frenología** (que pretendía determinar la personalidad a través de la forma del cráneo) y el **espiritismo** (que buscaba comunicarse con los muertos). Aunque estas ideas fueron desacreditadas, reflejaban una tendencia humana persistente a buscar explicaciones simples y reconfortantes para fenómenos complejos.

Hoy en día, la ciencia es la principal herramienta para entender el mundo y resolver problemas globales, desde el cambio climático hasta las pandemias; sin embargo, la pseudociencia sigue presente en formas como la **homeopatía**, las **teorías de**

conspiración y el **negacionismo científico**. La difusión de información errónea a través de internet y las redes sociales ha complicado la distinción entre ciencia y pseudociencia para el público en general. Para combatir esto, es esencial promover la educación científica y el pensamiento crítico. La ciencia no es infalible, pero su capacidad para autocorregirse y basarse en evidencias la convierte en la mejor herramienta que tenemos para comprender y mejorar el mundo.

La transición de la pseudociencia a la ciencia fue un proceso largo y complejo que transformó la forma en que la humanidad entiende el universo. Desde las explicaciones místicas de la antigüedad hasta el rigor del método científico moderno, este viaje refleja nuestra búsqueda constante de conocimiento y verdad. Aunque la pseudociencia persiste, la ciencia sigue siendo el faro que nos guía hacia un futuro más informado y racional.

11

De la leyenda urbana a la estupidez organizada: Bonhoeffer y la manipulación del miedo

Las leyendas urbanas siempre han sido como esas sombras que veíamos de críos al apagar la luz: inquietantes, difíciles de explicar y perfectas para alimentar miedos compartidos. Lo que no sabíamos es que esas mismas sombras, con un poco de maquillaje ideológico, podían acabar convertidas en munición política. En España, donde nos encanta un buen misterio y donde el «nos ocultan la verdad» tiene mucho tirón, las leyendas urbanas han dado un salto sorprendente: de ser historias para asustar a adolescentes aburridos, han pasado a ser carnaza para los discursos de la extrema derecha, que las usan para ponerle cara y pasaporte al miedo. Porque ya no es la niña de la curva quien te persigue. Ahora es el moro okupa, el nigeriano santero o la mafia rumana «comeniños». Y lo más inquietante de todo: nos lo estamos tragando.

En el fondo, las leyendas urbanas son el meme de toda la vida, ese chisme colectivo que mezcla un poquito de realidad, un mucho de exageración y una pizca de paranoia compartida. Dentro de su extravagancia, las leyendas urbanas tienen una base creíble, pero su extravagancia incita a que se compartan con gran celeridad.

El armario, la mermelada y Ricky Martin: anatomía de una leyenda urbana

Corría el año 1999. Internet todavía era joven, pero la televisión, esa otra gran maquinaria de la sugestión colectiva, seguía reinando en los salones familiares. En España, uno de los programas con más audiencia era el espacio de cámara oculta *Sorpresa, sorpresa*, una fórmula de emociones fuertes y famosos que aparecían como ángeles caídos del cielo en casa de sus fans más fervorosos.

Fue entonces cuando surgió el relato: una chica, completamente ajena a que Ricky Martin —ídolo latino por excelencia— está escondido en el armario de su habitación como parte de la sorpresa que le ha preparado su familia. Mientras tanto, las cámaras ya están grabando, porque la emoción está a punto de estallar. Pero lo que estalla es otra cosa.

La joven entra a su habitación, sola. Ignora que está siendo grabada y, entonces, en la supuesta versión que voló por colegios, oficinas, bares y patios, sucede lo siguiente: saca un bote de mermelada, lo unta en sus genitales y deja que su perro la lama, en lo que sería una escena más cercana a la zoología que al *prime time*. Al parecer, esta práctica no le era desconocida. Justo en ese instante, Ricky Martin abre la puerta del armario, las cámaras la enfocan, y el horror se desata. Fin de la emisión, fin de la carrera televisiva, fin de la inocencia mediática. Es cierto que Ricky Martin participó en ese programa, pero tres años antes. La asociación PRODENI, defensora de los derechos del niño, puso una demanda contra el programa, lo que obligó a investigar unos hechos que, en realidad, ¡nunca sucedieron! No hacía falta que nadie hubiese visto el vídeo: todos conocían a alguien que sí: la cuñada del primo, el amigo del hermano del cámara, el portero del edificio de Antena 3. El típico *«yo no lo vi, pero me lo han contado de muy buena fuente»*, que es la gasolina de toda leyenda urbana.

Esta historia tan absurda prendió con tanta facilidad, porque tenía todos los ingredientes del escándalo perfecto:

- Un **famoso internacional** metido en una situación íntima.
- Una **joven anónima** sorprendida en un acto sexual tabú.
- El **morbo del animal**, lo grotesco, lo inconfesable.
- Y, sobre todo, el **formato televisivo**, esa liturgia colectiva que permite que todo sea posible cuando hay cámaras y emociones.

Este tipo de relato se mueve con las mismas reglas que los rumores medievales o las leyendas de terror contadas alrededor del fuego: son advertencias disfrazadas de espectáculo. Y tienen una lógica interna imbatible: «si no es verdad, da igual, porque podría haberlo sido».

Como señala Véronique Campion-Vincent en sus estudios sobre leyendas urbanas, este tipo de historias no necesitan pruebas, sino «verosimilitud emocional». Lo importante no es la verdad, sino la «intensidad con la que uno quiere creerla».

La historia de Ricky Martin, el perro y la mermelada no solo nunca existió: tampoco necesitó existir. Bastó con que tuviera todos los elementos necesarios para ser contada, compartida, deformada y creída, como todo buen mito contemporáneo. Dicen que fue el propio programa quien difundió la historia como estrategia comercial. Se produjo el fenómeno psicológico conocido como «efecto Mandela», donde un grupo de personas comparte un recuerdo falso, a pesar de que la realidad sea diferente. El nombre proviene de la creencia errónea de que **Nelson Mandela** murió en la cárcel en los años 80. Algunos psicólogos lo relacionan con los llamados «falsos recuerdos», que son sucesos que nunca ocurrieron o se distorsionaron. Las personas formamos los recuerdos con la información que guardamos de nuestro pasado, cada vez que los evocamos. Al reconstruirlos, tendemos a añadir detalles que pasarían a ser considerados como reales y formar parte de la memoria a largo plazo.

Concha Velasco (1939-2023), por entonces presentadora del programa de televisión donde, supuestamente, había ocurrido el suceso, tuvo que desmentirlo en directo: «*Hemos sido víctimas de un bulo. Nos han atacado en una especie de locura colectiva. Un ataque en el que se hablaba de algo que nunca ocurrió y protagonistas que nunca han existido. Se ha hablado mucho de eso y queremos hacerlo hoy diciendo solo tres palabras: todo es mentira*».

Nelson Mandela (1918-2013).

Lo nuevo es que ahora, en manos de la extrema derecha, esas leyendas ya no solo sirven para pasar el rato o contar historias en noches de insomnio, sino que se han convertido en herramientas para señalar al enemigo, reforzar prejuicios y justificar discursos de odio. El viejo cuento de la niña de la curva, ese que nos avisaba de los peligros de la carretera, ha dejado paso a relatos más siniestros, donde el peligro siempre viene de fuera y el miedo tiene acento extranjero. Y lo peor es que, al igual que creíamos firmemente en la curva mortal o en las furgonetas secuestradoras, ahora hay quien cree a pies juntillas que el moro, el mena o el okupa son los culpables de todos nuestros males, porque así se lo han contado —con música inquietante de fondo— en televisión, en TikTok o en su grupo de Telegram. Las leyendas urbanas se han vuelto fachas, sí. Pero no porque cambien las historias, sino porque alguien muy interesado ha aprendido a manejarlas, a ponerles nombres y apellidos, y a convertir ese miedo difuso en votos, titulares y excusas para levantar muros, reales y mentales. Porque el miedo es gratis, pero la factura política a pagar es enorme y la pagamos todos.

Creer en leyendas urbanas es humano. Nos encantan las historias que explican lo inexplicable y que nos dan la sensación de que, aunque sea con miedo, entendemos algo del caos que nos rodea. Lo peligroso empieza cuando ese miedo compartido deja de ser un juego y se convierte en una herramienta política; cuando las leyendas urbanas ya no son cuentos para pasar el rato, sino piezas de un engranaje diseñado para señalar culpables, fabricar enemigos y dividir a la sociedad en buenos y malos.

Si algo nos enseñan estas historias es que el verdadero monstruo nunca es el fantasma que aparece en la carretera.

El verdadero peligro viene de quienes deciden qué fantasmas conviene alimentar, a quién conviene señalar y cómo el miedo colectivo se puede transformar en votos, odio y exclusión. En un mundo donde las leyendas urbanas ya no solo asustan, sino que votan y legislan, conviene recordar que lo que de verdad da miedo es quien escribe el guion.

En definitiva, no estamos ante un simple catálogo de cuentos macabros actualizados, sino ante una estrategia política perfectamente calibrada. Quien controle las historias que nos asustan controlará también la forma en la que identificamos enemigos y buscamos soluciones. Por eso, al analizar cómo las leyendas urbanas han cambiado de protagonistas y cómo ciertas fuerzas políticas las han convertido en argumentos de campaña, no estamos hablando solo de superstición o entretenimiento: estamos hablando de poder y de cómo se construye el relato del miedo en la España de hoy.

En su lúcido análisis sobre la condición humana, **Dietrich Bonhoeffer** (1906-1945), pastor y teólogo protestante, fue perseguido por la Gestapo por su oposición a las políticas antisemitas de Hitler y al régimen nazi, perteneció a un grupo clandestino de la resistencia, fue detenido e internado en el Campo de concentración de Flossenbürg en Baviera y asesinado en 1945.

Bonhoeffer consideraba que la estupidez es más peligrosa que la maldad. La maldad puede ser identificada, combatida, desafiada; en cambio, la estupidez no atiende a razones, no responde a la lógica ni se rige por el pensamiento crítico. Y lo que es peor: se reproduce en silencio, se organiza y se vuelve fuerza social. Las redes sociales, los medios sensacionalistas y la manipulación política han convertido las advertencias de Bonhoeffer en una realidad innegable.

En pleno ascenso del nazismo, sus reflexiones se centraban en cómo las sociedades pueden volverse cómplices del mal sin ser plenamente conscientes de ello. No porque todas las personas sean malvadas, sino porque muchas de ellas son fácilmente influenciables, incapaces de cuestionar lo que se les presenta como verdad. La estupidez, en este sentido, es simplemente una «ceguera voluntaria», ya que los estúpidos actúan sin comprender las consecuencias de sus acciones. Incapaces de reflexionar críticamente, se dejan influenciar por el entorno y por lo que hacen o dicen los demás, no se informan por sí mismos.

El estúpido, según Bonhoeffer, no es simplemente alguien con escasa capacidad intelectual, sino alguien que se ha entregado a una narrativa sin posibilidad de cuestionamiento. En esta línea, la extrema derecha y sus altavoces mediáticos han convertido la ignorancia en un activo político de enorme rentabilidad.

Romper este círculo vicioso implica, ante todo, recuperar la capacidad de pensar críticamente y desmontar el miedo como herramienta de control. No es una tarea fácil, pero si algo nos enseña la historia es que las peores tragedias no son provocadas únicamente por los malvados, sino por aquellos que, en su estupidez, les facilitan el camino.

La estupidez está determinada por el egoísmo, la ignorancia, la cobardía y la codicia. Bonhoeffer consideraba que el poder político o religioso infecta de estupidez a una gran parte de la humanidad. Cuando trasladamos la idea de Bonhoeffer al siglo XXI, encontramos un ecosistema de desinformación que funciona con una lógica similar. Las *fake news,* las teorías conspiranoicas y las leyendas urbanas han dejado de ser meras anécdotas para convertirse en piezas clave de la polarización política. La extrema derecha ha entendido a la perfección esta dinámica: no necesita convencer con argumentos racionales, limitándose a reforzar prejuicios preexistentes y proporcionar relatos simplificados. La teoría de la estupidez de Bonhoeffer solo se explica porque la superstición, el bulo o el conspiracionismo no se combaten con más datos, sino con educación crítica, ética y memoria histórica.

LEYENDAS URBANAS Y EXTREMA DERECHA: NARRATIVAS DE MIEDO AL SERVICIO DE LA POLARIZACIÓN

Las leyendas urbanas han servido históricamente para articular los miedos sociales, buscando solo entretener. Pero para gente como Iker Jiménez, estas simples historias que transitan entre el rumor y el mito, con una adecuada estrategia comunicativa, encuentran una nueva función al servicio de la extrema derecha: ser vehículo emocional para la radicalización y la polarización de la sociedad. Su éxito no depende únicamente en lo macabro o lo inquietante de sus tramas, sino de su capacidad para tocar fibras sensibles y canalizar ansiedades sociales preexistentes, instrumentalizadas para señalar a ciertos grupos como amenazas potenciales. Hace unos años eran historias de sectas satánicas o agujas infectadas con VIH que alimentaron el pánico en la sociedad. Hoy, los relatos sobre menas violentos, okupas impunes o migrantes que reciben más ayuda que los desempleados nacionales cumplen la misma función.

El estúpido, en términos de Bonhoeffer, no solo cree estas historias sin cuestionarlas, sino que se aferra a ellas con una fe ciega. Y peor aún: las defiende agresivamente cuando se le confronta con evidencia en contra. La razón, como bien advertía el teólogo alemán, es inútil ante la estupidez organizada, porque esta no responde a argumentos, sino a emociones.

Las redes sociales han acelerado este fenómeno hasta niveles insospechados. La desinformación ya no solo circula de boca en boca, sino que se propaga con la velocidad de un simple clic, sin necesidad de filtro ni verificación. Y aquí radica su peligrosidad: un bulo puede demostrarse con pruebas, pero su impacto emocional perdura.

Iker Jiménez está entre los comunicadores del misterio que han sabido capitalizar este mecanismo, alimentando una cultura de la sospecha permanente, donde la verdad oficial es vista con desconfianza y donde cualquier explicación alternativa, por absurda que parezca, gana terreno fácilmente. La extrema derecha no ha tardado en apropiarse de esta narrativa, encontrando en el miedo irracional un caldo de cultivo perfecto para su discurso.

Y si la estupidez es más peligrosa que la maldad, combatirla se vuelve una tarea aún más compleja. La única solución que ofrece Bonhoeffer para neutralizar la estupidez es impedir que se convierta en una fuerza social dominante. No basta con corregir a individuos desinformados, es necesario crear una cultura que premie el pensamiento crítico y que desincentive la viralización de la ignorancia. Hay que luchar por recuperar el valor de la verdad en la esfera pública. En un mundo donde la mentira es rentable, la única estrategia es la educación, desarrollar la capacidad de cuestionar, de dudar, de desconfiar de los relatos interesados.

LA ESTRUCTURA DE LA LEYENDA

Las leyendas urbanas tienen un esqueleto narrativo maleable: un protagonista anónimo, un suceso inquietante y un desenlace que refuerza una «moraleja», casi siempre ligada al peligro que representa el «otro» (el extranjero, el marginal, el diferente). Esta estructura es ideal para los fines de la extrema derecha, que busca mensajes simples, emocionales y fácilmente replicables. Al no requerir pruebas ni fuentes verificables, las leyendas urbanas se convierten en relatos «creíbles» por el simple hecho de ser compartidos muchas veces.

En manos de medios sensacionalistas, estas leyendas sirven para reforzar narrativas de miedo: la amenaza de la inmigración, la desconfianza hacia las instituciones públicas, el pánico ante la pérdida de identidad cultural o la supuesta connivencia de las élites con fuerzas oscuras (sean sectas, sociedades secretas o conspiraciones globales).

Iker Jiménez han contribuido a convertir las leyendas urbanas en materia prima para un tipo de periodismo emocionalmente movilizador. Iker abre un espacio donde la duda constante y la desconfianza hacia el relato oficial se normalizan. Este «periodismo de la sospecha» crea un terreno fértil para que las leyendas urbanas muten en piezas de propaganda. Aunque insiste en que se limita a preguntar y mostrar lo que no se cuenta, su forma de presentar los temas, rodeándolos de música inquietante, testimonios ambiguos y un tono de permanente sospecha, activa un modo de recepción donde la desconfianza y el miedo priman sobre el análisis racional. Su discurso es compatible con ciertos marcos discursivos extremistas, especialmente en cuestiones relacionadas con la seguridad, la inmigración, la desconfianza hacia las instituciones públicas y el desprecio a lo políticamente correcto. Y, en ese sentido, el uso de ciertas leyendas urbanas no es casual.

Cuando una leyenda urbana sobre «peligros ocultos» (por ejemplo, bandas de inmigrantes que secuestran niños o rituales satánicos en barrios marginales) es presentada no como dato comprobado, sino como «posible» o «hay quien dice», lo que se refuerza no es solo la leyenda en sí, sino un marco ideológico donde el miedo y la desconfianza son el estado natural de las cosas. La extrema derecha recoge esta sensación de vulnerabilidad y la transforma en combustible para sus agendas antiinmigración, antiizquierda y anticulturalismo.

El miedo como estrategia política

El extremista no necesita probar la veracidad de una leyenda urbana para utilizarla. Le basta con que el relato esté ahí, resonando en el imaginario colectivo. De hecho, cuanto más difusa sea su procedencia, más fácil es que cale. Las leyendas urbanas no apelan al raciocinio, sino al miedo primario y al instinto de protección. Por eso, encajan perfectamente en campañas de desinformación, bulos y teorías conspirativas que buscan generar un estado permanente de alarma y paranoia.

Desde la famosa leyenda de la furgoneta blanca que secuestra niños (reapropiada en contextos europeos para criminalizar a colectivos gitanos o migrantes), hasta historias sobre centros de acogida donde se trafica con órganos o se practica el canibalismo, las leyendas urbanas siempre pueden adaptarse al clima social de cada momento. La extrema derecha lo sabe y las potencia, dotándolas de un barniz «patriótico» o «protector de la civilización occidental».

Una historia de terror contada por un conocido, por un medio o por un *influencer* afín tiene más impacto que cualquier desmentido oficial. La extrema derecha explota esta grieta entre lo emocional y lo racional, usándola como un atajo para insertar su agenda en la conversación pública.

De lo paranormal a lo ultra

Las leyendas urbanas, al amplificar el miedo al «otro», al sugerir que lo oculto y lo siniestro acechan en las sombras, preparan el terreno para que el discurso de la extrema derecha basado en el miedo, el cierre de fronteras y el repliegue identitario parezca la única respuesta posible. Al no requerir pruebas ni fuentes verificables, se convierten en relatos «creíbles» por el simple hecho de ser compartidos muchas veces. Tal es el caso de la conocida «furgoneta blanca que secuestra niños».

Este relato clásico, presente en muchos países europeos, fue tratado por Iker bajo el paraguas de «desapariciones inexplicables». Aunque la leyenda tiene variantes, en España y otros países occidentales se ha asociado en ocasiones con bandas de inmigrantes o grupos marginales, lo que refuerza un temor latente hacia el extranjero como amenaza para la seguridad infantil. El hecho de que Iker presente estas historias sin pruebas concluyentes, pero con una narrativa envolvente de «¿y si fuera verdad?», refuerza el marco de alarma y sospecha.

La furgoneta blanca que secuestra niños es un bulo reiterado.

Iker Jiménez ha dedicado varios programas a lo que él considera la «epidemia okupa», un tema que ha sido instrumentalizado con fuerza por la extrema derecha, dando una visión criminológica que no se corresponde con la realidad. Por supuesto que está mal entrar ilegalmente en una casa que no es tuya. La extrema derecha ha estereotipado erróneamente el perfil del okupa: varón, joven, con aspecto *hippy* («perroflauta» le llaman ahora), desempleado, de izquierdas (comunista o anarquista). En realidad, ya no es así, aunque pueda haber algunos.

En la mayoría de casos, se produce una «inquiokupación», que se da cuando un inquilino deja de pagar su alquiler, pero no abandona el inmueble. En lugar de usar la fuerza para entrar, alquila legalmente, y una vez dentro deja de pagar. Muchos de ellos son multirreincidentes. Pero su perfil ya no se corresponde con el «perroflauta» que describe la ultraderecha. Ahora muchos okupas van de «niños bien», lo que desmonta su argumentación. Por eso, cuando se magnifica el problema de la ocupación, lo que se pretende en realidad es azuzar el miedo y, de paso, ganar audiencia. Más de tres millones de alarmas y seguros «antiokupa» vendidos en España son la prueba del gigantesco negocio montado alrededor de este asunto.

El juez **Joaquim Bosch** dijo: *«Es una leyenda urbana absolutamente falsa lo de que vas a comprar el pan y entran a okupar tu casa».* Según la Fiscalía General del Estado, en los casos de ocupación, solo un 0,16 % es la proporción de allanamiento. Según este magistrado, *«el allanamiento afecta a la morada, es decir, a la primera vivienda y a la segunda residencia, siempre que se desarrollen actos de la vida personal, mientras la okupación se refiere a inmuebles vacíos. El allanamiento es un delito que tiene pena de prisión de hasta dos años, mientras que la okupación de inmuebles vacíos es un delito leve».*

España ocupa el puesto 21 entre los países de la Unión Europea en cuanto al número de robos domiciliarios. La casuística legal no coincide con la alarma social provocada, pero el clima creado por la ultraderecha ha logrado que este problema marginal figure entre los de mayor preocupación. Jueces y abogados han explicado la diferencia entre allanamiento y usurpación. Aunque el número de desahucios de viviendas es superior, los medios afines a la derecha extremista, como el programa de la conocida **Ana Rosa Quintana**, lo abordan casi a diario, recurriendo al plano emocional y en el apartado de «sucesos».

En los programas de Iker Jiménez se combinan testimonios de vecinos aterrorizados con relatos de casas embrujadas tras ser ocupadas, mezclando así el miedo social hacia la okupación (con connotaciones raciales o clasistas) con la idea de que ciertas viviendas «absorben» lo maligno. Esta hibridación de leyenda urbana y alarma social ha reforzado el marco de la propiedad privada sagrada y la necesidad de mano dura, pilares clave de la política ultraderechista. Durante las pausas publicitarias de estos medios afines, curiosamente, aparece publicidad de empresas especializadas en alarmas o de puertas que ayudan a prevenir ocupaciones ilegales en un inmueble.

Joaquim Bosch: «En más de 20 años como juez instructor no he tenido ni un solo caso de que alguien salga de casa y a la vuelta esté okupada. En los foros judiciales, cuando estos temas generan polémica mediática o en las redes, todos los jueces se muestran perplejos».

Desde los primeros años de su carrera, Iker ha mostrado un interés obsesivo por los presuntos rituales satánicos en zonas rurales. Aunque estos relatos son reciclajes de leyendas urbanas clásicas (la secta oculta que sacrifica niños o animales), en manos de ciertos discursos se convierten en piezas de desinformación dirigidas contra colectivos concretos: minorías religiosas, inmigrantes o activistas sociales. En *Cuarto Milenio* se han explorado estas historias sin nunca ofrecer pruebas claras, pero dejando un poso de sospecha hacia lo extranjero o lo ajeno a la tradición cristiana occidental.

Aunque menos directamente ligado a leyendas urbanas clásicas, Iker ha dedicado programas enteros a sugerir que existe una élite global oscura, redes de pedofilia, sectas secretas y experimentos paranormales. Este tipo de narrativas, al mezclarse con fenómenos paranormales y leyendas urbanas sobre lugares malditos o criaturas ocultas, refuerzan la idea de que el poder oficial esconde siempre una agenda siniestra. Este marco es casi indistinguible de algunas teorías de la conspiración de ultraderecha, como **QAnon**, adaptadas al contexto español.

Al moverse en el plano de las emociones y no de los hechos verificables, una historia de terror contada por un conocido, por un medio o por un *influencer* afín tiene más impacto que cualquier desmentido oficial. Pero no son para nada inocentes relatos de miedo: son **herramientas de construcción de imaginarios colectivos**, normalmente alineados con una visión del mundo muy sesgada.

El salto de las leyendas urbanas del boca a boca o los programas de televisión al **territorio digital** ha sido clave: YouTube, TikTok, Telegram o Twitter (ahora X) son espacios donde estas historias mutan y se reescriben. Grupos afines a Vox, conspiracionistas y neonazis reformulan las leyendas urbanas para convertirlas en «pruebas» de la decadencia occidental y la invasión cultural.

El ecosistema digital funciona como una cadena de transmisión entre la cultura popular del misterio y las agendas políticas radicales. No es casualidad que destacados *influencers* vinculados a la derecha compartan vídeos de *Cuarto Milenio* o retomen fragmentos de entrevistas de Iker Jiménez. Su discurso de sospecha permanente, su rechazo a lo políticamente correcto y su narrativa de «nos ocultan la verdad» encaja perfectamente con el ideario de estos sectores.

DE LO PARANORMAL A LO POLÍTICO: UN PROCESO DE CONTAMINACIÓN CRUZADA

El «nos mienten» y el «hay cosas que no quieren que sepamos», que son el corazón de programas como *Cuarto Milenio,* son exactamente las mismas ideas fuerza que sostienen los discursos conspiranoicos y ultraderechistas, desde el negacionismo climático hasta las teorías sobre el Gran Reemplazo.

En tiempos de incertidumbre, las leyendas urbanas no son inocentes: son balas emocionales disparadas contra la cohesión social, al servicio de quienes prosperan en el conflicto.

EL MISTERIO ES POLÍTICO

Así, el círculo se cierra: lo paranormal ya no es solo entretenimiento, es un arma cultural y política. Quien controla el miedo controla el relato. Y quien controla el relato modela la percepción de la realidad y define quiénes son los enemigos y quiénes los salvadores.

En tiempos de incertidumbre, las leyendas urbanas no solo sobreviven: se convierten en herramientas de poder, en disparadores emocionales al servicio de quienes prosperan sembrando división y miedo.

El peligro de Iker Jiménez radica en su capacidad para desinformar. Desde luego, sus programas están muy alejados del rigor periodístico. El periodismo debería estar sujeto a una deontología básada en la ética profesional y buena praxis. El respeto al método científico, el cuidado en la exactitud de los datos proporcionados o la comprobación de la veracidad de los hechos narrados son de obligado cumplimiento, no algo opcional. Un periodista no puede cambiar la realidad para adaptarla convenientemente a un discurso sensacionalista, adaptado a su intereses personales. Por ello, Iker Jiménez es el ejemplo perfecto de una praxis vomitiva. Cualquier pseudociencia, fenómenos paranormales o lo que quiera inventarse es tratado en sus programas de forma torticera, injusta y sin respeto al más mínimo principio moral, lo que lo convierte en un periodista deshonesto.

12

Conspiración y contubernio

Una **conspiración** es algo así como una puerta abierta a otras realidades de universos paralelos. —¿O debería decir «para lelos»—. Las teorías conspirativas abren un pasadizo existencial, donde lo invisible manda, lo oculto gobierna, y lo improbable siembra certezas. En este territorio, la lógica deja de tener sentido, la desconfianza se convierte en brújula, y el mundo deja de ser caótico para volverse malévolamente comprensible. Todo encaja, aunque nada se sostenga.

Una **teoría conspirativa** puede definirse como «una explicación alternativa y profundamente desconfiada del curso de los acontecimientos, donde un pequeño grupo poderoso actúa en secreto para manipular, controlar o destruir a la mayoría». Su fuerza no reside en la evidencia, sino en la verosimilitud emocional. El argumento no busca convencer, sino conmover, cohesionar, reclutar, reforzar. Apela no tanto al pensamiento como a la sensación visceral de que algo no encaja, de que nos mienten.

Estas narrativas no son nuevas. Han existido desde los tiempos en que los eclipses eran señales de traición en la corte y las malas cosechas, fruto de brujas escondidas en los bosques. Pero en la era de la información mutan más rápido que los virus. Las redes sociales han reemplazado a los juglares del miedo. Y aunque parezcan marginales, las teorías conspirativas presentan un trasfondo ideológico que reta al poder y a la ciencia desde una cosmovisión propia del bien y el mal.

A diferencia de las hipótesis científicas, que se revisan, dudan y corrigen, la teoría conspirativa es un castillo blindado. Su estructura se basa en el razonamiento circular: si no hay pruebas, es porque las han ocultado. Si las niegan, es porque son verdad. Si todos lo rechazan, es porque están comprados.

Es un relato que se alimenta del sesgo de confirmación: uno solo ve lo que quiere ver y descarta el resto como manipulación. Esta forma de pensar no requiere lógica, sino una convicción casi religiosa, una «fe de carbonero», que dirían Unamuno o Pedro Guerra, en que el mal existe y tiene nombre. A menudo, el conspiracionista no busca saber la verdad, sino reafirmar su identidad, distinguirse de los «otros»: los dormidos, los ciegos, los engañados.

No es casual que muchas de estas teorías estén ligadas a la extrema derecha: son profundamente estructurantes, identifican al enemigo, lo deshumanizan, ofrecen una explicación total del mundo. La democracia es un decorado; la prensa, un títere; la ciencia, una farsa, y los progresistas son colaboracionistas. Por eso calan tan bien en entornos donde se mezcla el cinismo político con el resentimiento social, la nostalgia reaccionaria con el miedo al cambio.

Estas teorías funcionan como una forma de paranoia organizada. No se trata de una enfermedad individual, sino de un estado emocional colectivo, donde la desconfianza es la norma y la hostilidad se justifica. Estudios psicológicos han encontrado correlaciones entre la creencia conspirativa y rasgos como el narcisismo, el maquiavelismo y la psicopatía: lo que se conoce como la «triada oscura». Pero no todo creyente es un psicópata.

Muchas veces, estas creencias son una forma de procesar el caos, de tener el control, de reducir el mundo a una trama comprensible. En este sentido, las teorías conspirativas cumplen la función que antes tuvieron la religión, el cotilleo o los mitos fundacionales: dan sentido y crean comunidad. No es casual que muchas se propaguen como rituales: foros, vídeos o memes.

La historia reciente está salpicada de teorías conspirativas que no solo fueron populares, sino mortales. En la Alemania nazi, los llamados protocolos de los sabios de Sion justificaron el antisemitismo de Estado. En Estados Unidos, el macartismo vio comunistas en cada despacho. En Sudáfrica, el presidente **Thabo Mkebi** (1942) negó la relación entre el VIH y el SIDA, provocando en 2002 decenas de miles de muertes evitables. En España, desde el 11-M a la Agenda 2030, la conspiración ha servido para reescribir y erosionar la verdad pública. Y la lista sigue: el *Pizzagate* y el Pastel QAnon; el asalto al Capitolio como ritual conspirativo; Zambia, donde, en medio de una hambruna, se creyó que los alimentos que les enviaba la ayuda internacional estaban modificados genéticamente como parte de un plan colonial para el exterminio de la población; las campañas contra la vacunación, la fluoración del agua, el cambio climático o el feminismo.

Sus consecuencias: socavan la ciencia, destruyen la confianza social, polarizan y matan. No hay economía sana que crezca donde la verdad es opcional. No hay ciudadanía critica en un mundo donde todo puede ser manipulado. Y no hay comunidad posible donde cada hecho es una trampa, y cada institución, un enemigo.

Desgraciadamente, las teorías conspirativas no mueren por falta de pruebas. No sirve ridiculizarlas y reírnos de ellas; para desinflarlas necesitamos exponer sus mecanismos internos. Por eso, no me limitaré a señalarlas: hay que diseccionarlas, quitarles el disfraz, examinar sus raíces psicológicas, sus funciones sociales, su historia y su peligrosidad, como quien examina a una bestia fascinante y peligrosa, porque solo conociendo su lógica, podremos desafiar su seducción.

Entre las principales teorías conspirativas, algunas gozan de una gran implantación, tienen que ver con la geopolítica y el poder global, como:

Los protocolos de los sabios de Sion: es la publicación antisemita más difundida en nuestros tiempos. **Elie Wiesel** (1928-2016) superviviente del Holocausto y Premio Nobel de la Paz en 1986, dedicó su vida a difundir los horrores que sufrió en los campos de concentración de Auschwitz y Buchenwald: *«Si alguna vez un texto pudo producir un odio masivo, es este… Este libro no es sino mentiras y difamación»*.

El contubernio judeo-masónico y comunista: supuesta coalición secreta para dominar el mundo.

QAnon: asegura que existe un élite global pedófila y satánica enfrentada a **Donald Trump**, considerado un salvador.

Nuevo Orden Mundial/Agenda 2030: sostiene que gobiernos y élites, como la ONU, **Bill Gates** o el Foro Económico Mundial, quieren instaurar un gobierno mundial totalitario, usando el cambio climático, pandemias o tecnología.

Bilderberg y el Club de Roma: se cree que estas organizaciones manipulan la política y la economía mundial desde las sombras.

Reemplazo poblacional: postula que hay un plan deliberado para reemplazar poblaciones europeas mediante inmigración masiva.

Chemtrails: afirma que los rastros de condensación de los aviones son, en realidad, productos químicos rociados para controlar el clima, la mente o la salud.

Negacionismo del cambio climático: alegaciones de que el calentamiento global es un invento para justificar medidas económicas o de control.

Microchips en vacunas/5G y COVID-19: acusa a las élites de usar vacunas para implantar microchips o relaciona el 5G con la propagación del coronavirus.

Movimiento antivacunas: cree que las vacunas causan autismo o enfermedades como parte de una conspiración médica o farmacéutica.

Tierra plana/Tierra hueca: asegura que la Tierra no es una esfera, y que la ciencia oficial miente sistemáticamente sobre la realidad física.

La llegada del hombre a la Luna fue un montaje (1969): cree que el alunizaje fue filmado en un estudio para ganar la carrera espacial contra la URSS.

Área 51 y contacto extraterrestre: teoriza que el Gobierno de Estados Unidos oculta pruebas de vida extraterrestre y tecnología alienígena.

Atentado del 11-S (2001): sostiene que fue un autoatentado o que el Gobierno estadounidense permitió los ataques como excusa para invadir Irak y Afganistán.

Asesinato de JFK (1963): hipótesis sobre una conspiración del FBI, la CIA o la mafia detrás del magnicidio.

COVID-19 como arma biológica: se argumenta que la pandemia fue planificada como experimento de control o como arma.

Illuminati: se trata de una mezcla de todas las teóricas conspiraciones.

LOS PROTOCOLOS DE LOS SABIOS DE SION

Pocas mentiras han tenido una vida tan larga, venenosa y persistente como *Los protocolos de los sabios de Sion*. Surgido a finales del siglo XIX, este texto apócrifo se presentó como la transcripción secreta de una reunión de líderes judíos que conspiraban para dominar el mundo. Pero solo era una burda falsificación, un panfleto fabricado por la policía secreta del zar de Rusia, con fines propagandísticos y que enseguida se convirtió en uno de los pilares más siniestros del antisemitismo del siglo XX. Su objetivo era presentar a los judíos como una amenaza organizada contra el orden cristiano y monárquico.

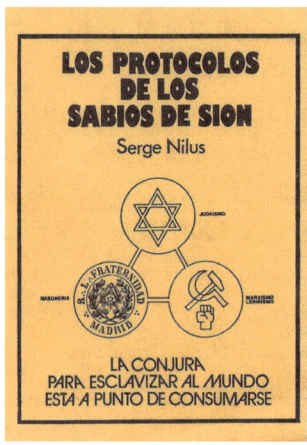

El texto fue probablemente redactado en París entre 1897 y 1903 por agentes del régimen zarista, y se basó en un plagio evidente de una sátira política francesa de 1864, *Diálogo en el infierno entre Maquiavelo y Montesquieu*, de Maurice Joly, que criticaba el autoritarismo de Napoleón III. Los falsificadores adaptaron los diálogos y reemplazaron a los protagonistas por supuestos líderes judíos, otorgándoles un plan global de dominación.

Apareció por primera vez publicado en 1903 en Rusia, en un periódico de San Petersburgo. A partir de ahí, se convirtió en un texto central del antisemitismo moderno. Se presenta como las actas secretas de una reunión de líderes de una supuesta conspiración judía internacional. En ellas se expone un plan detallado y progresivo para alcanzar el dominio absoluto sobre los pueblos y naciones del mundo. A lo largo de los 24 protocolos de que consta, el texto detalla cómo esta élite planea destruir las instituciones tradicionales (monarquía, Iglesia, parlamento y familia), sembrar el caos social, y luego ofrecerse como la única solución posible, instaurando una dictadura planetaria.

Se describe cómo el poder financiero será la herramienta principal para someter a los gobiernos, controlando la deuda pública, los mercados bursátiles y el crédito. Control absoluto de los medios de comunicación, con el fin de moldear la percepción de la realidad, desinformar, generar distracciones y eliminar toda oposición. Degradación de la cultura, vulgarizar el arte, romper los lazos familiares y éticos para confundir a los ciudadanos y hacerlos más fácilmente gobernables. Al final del proceso, un rey de los judíos gobernará con poder absoluto sobre la humanidad. El estilo del texto es deliberadamente oscuro y conspirativo.

Durante la Revolución rusa y después de la Primera Guerra Mundial, los *Protocolos* fueron exportados a Europa y América. En 1920, el magnate Henry Ford los financió y publicó en Estados Unidos en el periódico que patrocinaba, *The Dearborn Independent*, contribuyendo a su difusión internacional. Poco importaba que ya en 1921 el *Times* de Londres demostrara que el texto era un plagio: la falsedad ya había echado raíces. En su manifiesto *Mi lucha,* Hitler hace referencia a Henry Ford, de quien recibió apoyo financiero.

En la Alemania nazi, los *Protocolos* fueron utilizados como prueba documental de la amenaza judía, integrándose en la propaganda oficial y educativa. Sirvieron como justificación ideológica para el antisemitismo de Estado y, en última instancia, para el Holocausto.

Aunque fueron desmentidos y desacreditados por diversos tribunales (incluso el Senado de los Estados Unidos en 1964 declaró su falsedad), los *Protocolos* siguen circulando en medios antisemitas, conspiracionistas o algunos entornos políticos y religiosos radicales. Han sido editados, digitalizados y compartidos como si fueran documentos auténticos.

La historia de *Los protocolos de los sabios de Sion* es la historia de un texto falso: es el ejemplo perfecto de cómo una mentira bien diseñada, con un enemigo claro y un lenguaje de autoridad, puede volverse más resistente que la verdad. Los *Protocolos* funcionan como un modelo primigenio de las teorías conspirativas contemporáneas. Es decir, su estructura narrativa, sus elementos retóricos y su lógica interna se han replicado y adaptado en nuevas versiones: desde QAnon hasta el «Nuevo Orden Mundial», pasando por el negacionismo climático o los bulos sobre vacunas.

Los sabios de Sion serían esa minoría oculta que controla la prensa, la banca, la moral pública y los gobiernos. Hoy serían los globalistas, el Estado profundo o *Deep state,* los Rothschild, los tecnócratas de Davos o, más recientemente, los que según QAnon serían los «pedófilos satanistas de Hollywood». Si en los *Protocolos* los pueblos cristianos son manipulados sin saberlo, hoy son «la ciudadanía dormida», «los borregos», «los vacunados sin criterio», «los engañados por los medios oficiales». El lenguaje cambia, pero el esquema se mantiene.

Toda buena conspiración moderna incluye al «despierto», aquel que ha sabido leer entre líneas. Es el lector de los *Protocolos* en 1910, o el usuario de Telegram que, en 2025, «sabe la verdad», aquella verdad oculta que solo unos pocos pueden ver y compartir.

Cuando seguimos hablando de los *Protocolos,* es porque han sobrevivido a todos sus desmentidos. Cualquier prueba en contra de su veracidad es solo una trampa del sistema. En ellos, el caos precede al orden, un colapso (económico, moral o social) se cierne sobre la sociedad y, después, un reseteo. Para QAnon se espera el Día del Juicio, donde los malos serán desenmascarados. Los negacionistas climáticos hablan de una falsa alarma usada para instaurar un nuevo totalitarismo verde. Siempre hay una catástrofe diseñada para justificar el control. En muchas de las teorías conspirativas modernas, como la Agenda 2030, el supuesto chip de las vacunas, la negación de la llegada a la luna, o incluso el Gran Reemplazo, son solo reinterpretaciones nuevas de un mito viejo.

CONTUBERNIO JUDEO-MASÓNICO Y COMUNISTA: EL ENEMIGO
INVISIBLE DEL FRANQUISMO

Durante los casi cuarenta años que duró la dictadura de
Francisco Franco en España (1939-1975), la teoría del contubernio judeo-masónico y comunista se convirtió en uno de los
pilares retóricos fundamentales del régimen. No era solo una
forma de explicar la guerra civil o justificar la represión: era una
cosmovisión completa, un relato totalizante del Bien contra el
Mal, donde Franco y su cruzada nacionalcatólica representaban
el orden divino, y sus enemigos, una coalición maligna y global.

*Cartel oficial de la gran exposición antimasónica de 1941 en Belgrado. Stalin y Churchill
manejados como marionetas por los judíos.*

Para elaborar esta teoría que relacionaba a judíos con masones y comunistas, se tuvo en cuenta que la familia de **Karl Marx**
(1818-1883) era de origen judío y que la masonería había sido
condenada por diversos papas por la postura anticlerical de los
masones que defendían también la libertad de conciencia y el
librepensamiento. Ya durante la dictadura de Primo de Rivera

se prohibió la masonería. Años más tarde, Franco, utilizando el seudónimo de **Jakim Boor**, publicó muchos artículos en el diario falangista *Arriba,* denunciando el contubernio de masones y comunistas. Algunos historiadores se sorprenden de la incomprensible obsesión del dictador con la masonería, teniendo en cuenta que toda su visión del mundo se basaba en esta superchería. Acusaba a los masones de cometer asesinatos selectivos para provocar la inestabilidad política de algunos países europeos.

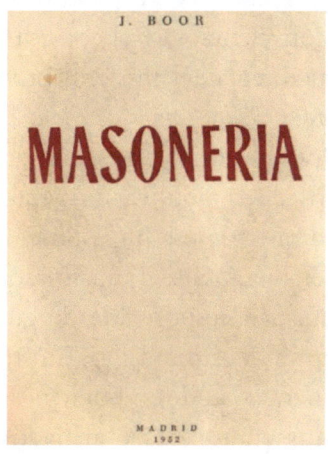

Los artículos de Franco firmados bajo el seudónimo de J. Boor fueron publicados en 1952 con el título de Masonería.

El término **contubernio** ya llevaba implícita una connotación despectiva: hace referencia a una convivencia clandestina e impura. Franco lo empleó por primera vez en 1949, aunque se popularizó especialmente a raíz del Congreso del Movimiento Europeo celebrado en Múnich en 1962, al que acudieron representantes de la oposición democrática española en el exilio. La prensa franquista lo rebautizó como «el contubernio de Múnich» y a partir de ahí se consolidó como una fórmula habitual.

Pero no se trataba de una simple crítica política. Según la propaganda del régimen, la historia de España estaba siendo saboteada desde hacía siglos por una alianza secreta de judíos, masones y comunistas, tres grupos a los que se atribuían poderes oscuros, redes internacionales y una intención perversa: destruir la identidad cristiana, la unidad nacional y los valores «tradicionales» de España.

Los judíos representaban el «capitalismo apátrida», el dinero sin alma, la infiltración silenciosa y el control financiero internacional. Una herencia directa del antisemitismo europeo del siglo XIX y de *Los protocolos de los sabios de Sion*.

Los masones, vistos como una secta secreta, eran acusados de manejar los hilos de la política mundial, estaban detrás de cualquier calamidad que tuviese lugar en el mundo. Franco estaba obsesionado personalmente con la masonería: la veía como una amenaza casi mística, responsable de guerras, revoluciones y persecuciones contra el cristianismo. En sus discursos cargaba contra ellos con vehemencia desmesurada.

Los comunistas eran el brazo armado de esta alianza. Su ideología atea y revolucionaria venía a romper con el orden natural y a sembrar el caos. En esta lógica, la guerra civil española no fue una contienda interna, sino **un asalto internacional coordinado** por ese contubernio contra la «España eterna».

La teoría aparecía en los discursos de Franco, en manuales escolares, en sermones eclesiásticos, en la prensa del Movimiento, en boletines de la Guardia Civil. El franquismo creó incluso un

Tribunal Especial para la Represión de la Masonería y el Comunismo, un órgano represivo que estuvo en vigor hasta finales de 1963, destinado a perseguir judicialmente a quienes se consideraba parte de esa conspiración global.

Miles de españoles fueron procesados y condenados. Muchos intelectuales republicanos fueron acusados de masones (sin serlo), y las listas negras incluían desde militares hasta escritores. El hecho de haber estudiado en el extranjero, haber hablado en favor del laicismo o, simplemente, haber leído ciertas obras podía bastar para ser marcado.

De manera persistente, la extrema derecha ha recurrido a la utilización de teorías conspirativas, algo que parece inherente a su carácter.

El contubernio no solo explicaba el pasado: protegía al régimen del presente y blindaba el futuro, ya que permitía justificar la represión como defensa preventiva. Reforzaba la imagen mesiánica de Franco como salvador de España, deslegitimaba toda crítica como producto de una conspiración y creaba cohesión a través de un enemigo común.

Este tipo de narrativa tiene claros paralelismos con lo que Umberto Eco denominó «el pensamiento conspirativo»: todo se conecta, nada es casual, y quien no lo ve es porque está dentro del juego. El uso del lenguaje cargado, moralizante y apocalíptico dotaba al franquismo de un aura religiosa, donde Franco se convertía en un cruzado contra las fuerzas del Anticristo.

La idea de «la España católica sitiada por enemigos exteriores» resonaba emocionalmente en una población traumatizada por la guerra, sometida a la censura y educada bajo el dogma de «una, grande y libre». Aunque tras la muerte de Franco el contubernio fue ridiculizado y arrinconado en los márgenes, ciertos ecos de esa retórica sobreviven aún hoy en discursos de extrema derecha. Cuando se habla de «globalistas», «*lobbies* internacionales», «wokismo», «ingeniería social» o «ataques a los valores tradicionales», no estamos lejos del viejo mito franquista. Solo se han cambiado los nombres.

QAnon: conspiración, culto y estrategia discursiva de la ultraderecha

Entre las múltiples manifestaciones contemporáneas del pensamiento conspirativo, pocas han alcanzado el grado de articulación simbólica, alcance digital y capacidad movilizadora de **QAnon**. Esta teoría de conspiración, surgida en Estados Unidos en 2017, constituye una amalgama de narrativas paranoicas, mitologías políticas y creencias pseudorreligiosas, profundamente enraizadas en el ecosistema ideológico de la **ultraderecha global**.

El relato central de QAnon gira en torno a la existencia de una **élite mundial secreta** (compuesta por políticos demócratas, magnates, artistas, académicos, banqueros y medios de comunicación) que, según esta teoría, gobierna el mundo en la sombra y está involucrada en prácticas satánicas, pedofilia, tráfico infantil y corrupción moral a gran escala. Frente a esta supuesta conspiración, QAnon erige la figura de **Donald Trump** como el líder mesiánico que libraría una «guerra silenciosa» contra dicho poder oculto. Esta narrativa se vehiculó originalmente a través de foros como 4chan y 8kun, donde un supuesto informante del Estado profundo, conocido simplemente como «Q», publicaba mensajes en clave que sus seguidores interpretan como profecías o revelaciones. Estos textos crípticos, llamados *Q drops,* sirvieron para tejer una comunidad digital en torno a la expectativa de un evento apocalíptico conocido como «la Tormenta», momento en el que los integrantes de esta élite serían expuestos y castigados públicamente.

Más que una simple teoría conspirativa, QAnon se ha consolidado como una estructura de sentido totalizante que, lejos de admitir refutaciones, absorbe cualquier evidencia en su propio circuito de validación. Como ocurre en muchas narrativas conspirativas, toda crítica externa se considera parte del encubrimiento, y toda contradicción se convierte en una pista que confirma la conspiración. Este tipo de lógica circular es clave para comprender cómo QAnon funciona no solo como una creencia, sino como una gramática del pensamiento profundamente eficaz en tiempos de ansiedad social, crisis de confianza institucional y fragmentación de la verdad.

El auge de QAnon ha estado estrechamente vinculado a movimientos de ultraderecha y a discursos populistas autoritarios que desconfían sistemáticamente de la prensa, las instituciones científicas, los organismos internacionales y cualquier actor que no valide su cosmovisión. Así, QAnon ha absorbido e intensificado discursos antivacunas, xenófobos, antigénero, antiglobalistas y antidemocráticos, convirtiéndose en una suerte de metanarrativa de la desinformación digital. Su participación simbólica (y real) en el asalto al Capitolio de Estados Unidos el 6 de enero de 2021 ilustra de forma dramática el paso del discurso a la acción política extremista.

QAnon no debe analizarse únicamente como una anomalía o una excentricidad digital, sino como un síntoma estructural de la crisis de verdad, de autoridad epistemológica y de sentido en las democracias contemporáneas. Su éxito se explica, en parte, por su capacidad para ofrecer una identidad, un propósito y una comunidad a sujetos fragmentados por la incertidumbre. En ese sentido, QAnon representa un caso paradigmático de teoría conspirativa, así como una expresión radical del modo en que la posverdad sirve para la expansión ideológica de la ultraderecha.

La Agenda 2030 y el Nuevo Orden Mundial: el cóctel conspirativo perfecto

Desde su presentación en 2015, la Agenda 2030 para el Desarrollo Sostenible ha estado rodeada de buenas intenciones, amplios consensos internacionales… y también de un ruido creciente por parte de quienes ven en ella algo más que un plan global para mejorar el mundo. Entre la extrema derecha política y mediática, ha pasado de ser una hoja de ruta para la sostenibilidad a convertirse en uno de los pilares del temido y siempre ambiguo Nuevo Orden Mundial (NOM).

El Nuevo Orden Mundial no es un concepto nuevo. Desde finales del siglo XX, se ha utilizado para describir supuestos planes secretos de élites internacionales destinadas a reconfigurar el mundo a su antojo: gobiernos globales, disolución de las soberanías nacionales, control poblacional, microchips y, por supuesto, **George Soros** (1930), siempre Soros.

En este contexto, la Agenda 2030 sería solo una máscara amable. Según esta visión, no se trata de cuidar el planeta o de mejorar las condiciones de vida de millones de personas, sino de instaurar una distopía progresista. Un mundo donde las fronteras desaparecen, los géneros se multiplican, las tradiciones se diluyen y los ciudadanos se transforman en meros peones de un gran tablero controlado por las Naciones Unidas, el Foro Económico Mundial o incluso **Bill Gates** (1955) en sus ratos libres.

Los 17 objetivos de Desarrollo Sostenible, con sus nombres aparentemente inocentes (educación de calidad, igualdad de género, acción por el clima) son interpretados como puertas traseras para imponer agendas ideológicas. En lugar de combatir la pobreza o el cambio climático, según esta lógica, estarían diseñados para lavar cerebros, adoctrinar a las nuevas generaciones y despojar a las naciones de su identidad, cultura y capacidad de decidir.

En España, Vox no solo rechaza la Agenda 2030, sino que proponen una alternativa: la «Agenda España», un eslogan que apela a valores tradicionales y a la soberanía, pero que, en la práctica, se construye como oposición directa a todo lo que huela a globalismo, ecologismo o derechos sociales. Para este partido, cuestionar la Agenda 2030 es una cruzada moral contra el mal disfrazado de buenas intenciones.

Resulta irónico que quienes más denuncian un supuesto gobierno global de control total acaben replicando los mismos argumentos en medios, redes y tribunas, repitiendo exactamente los mismos razonamientos desde Madrid a Miami, pasando por Varsovia o Buenos Aires. Tal vez el verdadero orden mundial está en cómo se construyen y difunden estas teorías.

Desde la óptica de la extrema derecha española, la Agenda 2030 representa una amenaza a la soberanía nacional y a los valores tradicionales. La visión conspirativa sostiene que es un intento de imponer un gobierno global liderado por élites no elegidas democráticamente, que fomenta la ideología de género, el multiculturalismo y el ecologismo como formas de ingeniería social. Busca desmantelar la economía tradicional en favor de un modelo «verde» supeditado a intereses corporativos. Sirve como coartada para limitar los derechos y libertades, como ocurrió (según ellos) durante la pandemia o con la política climática. Se apoya la extrema derecha en una mezcla de desinformación, desconfianza hacia las instituciones internacionales y rechazo a los cambios sociales y culturales asociados al progresismo.

La Agenda 2030 es un ejemplo claro de cómo un plan global con metas altruistas puede ser reinterpretado como una amenaza por sectores que perciben cualquier impulso internacionalista o progresista como una pérdida de control y de identidad. La teoría conspirativa no se basa en pruebas concretas, sino en el temor al cambio, el rechazo a la globalización y la instrumentalización política del miedo.

Bilderberg y el Club de Roma

Este es un tema complejo y denso, pero clave en el análisis de cómo se han tejido muchas de las teorías conspirativas modernas. Para analizarlo hay que tener cuidado de no caer en la trampa de mezclar hechos con especulaciones sin fundamento.

El Club Bilderberg: es un grupo real, fundado en 1954, que reúne a un número selecto de personas influyentes de diversos sectores: políticos, empresarios, académicos, banqueros y miembros de la realeza. Se reúnen anualmente en privado. Es un espacio informal donde se discuten temas que no son fáciles de tratar en foros públicos. Su objetivo principal, según sus organizadores (porque a mí no me han invitado), es promover el diálogo y la cooperación internacional, especialmente entre Europa y América del Norte; sin embargo, su privacidad y exclusividad alimentan la desconfianza. Muchos ven el grupo como una élite global que influye en las decisiones políticas y económicas sin ningún tipo de control democrático.

El Club de Roma: es otro organismo que tiene una relación algo difusa con las teorías conspirativas. Fundado en 1968, está compuesto por científicos, empresarios y políticos. Se centra en el estudio de problemas globales, especialmente en lo que respecta a la sostenibilidad y el desarrollo económico. Su informe más famoso, *Los límites del crecimiento* (1972), alerta sobre los peligros del crecimiento desmesurado de la población y la explotación desmedida de los recursos naturales. Aunque no es un grupo secreto, como Bilderberg, algunos de sus miembros y sus proyectos han sido considerados como parte de las élites que manejan el futuro del planeta.

Alex Jones, fundador de **Infowars**, es conocido por sus teorías, que van desde la guerra de la información hasta acusaciones de conspiraciones globales orquestadas por los «globalistas», que él asocia a menudo con grupos como el Bilderberg. Aunque Jones tiene seguidores leales, muchas de sus afirmaciones han sido ampliamente desacreditadas. Por ejemplo, **la teoría de que el Club Bilderberg controla el mundo**, aunque basada en algo de verdad (es decir, que el grupo está formado por figuras poderosas), entra en el terreno de la especulación y la desinformación. **Jones y otros** tienden a mezclar hechos reales con acusaciones sin fundamento, como la vinculación de Bilderberg con los Illuminati o un gobierno global secreto.

El capitalismo financiero y los «intereses judíos»: una de las falacias más peligrosas que circulan en teorías conspirativas es la idea de que un grupo homogéneo de personas como los judíos, los masones o los «iluminados» está manipulando el destino del mundo para su propio beneficio. Estas teorías están enraizadas en el antisemitismo, y en la historia se han utilizado para justificar ataques y persecuciones.

Es crucial **desmentir** esa narrativa, porque:

- **El capitalismo financiero** existe y tiene poderosos actores internacionales, pero no está monopolizado por una etnia o grupo religioso específico.
- El concepto de «**intereses judíos**» es una **narrativa antisemita** que ha sido refutada una y otra vez.
- Los «**iluminados**» o «**masones**» son objetos frecuentes de teorías conspirativas, pero la realidad es que estas son asociaciones **no secretas** en muchos casos, y no tienen el control global que se les atribuye.

El Rotary Club: es otra organización que aparece en algunas de estas teorías. Se trata de una red internacional de líderes empresariales y profesionales que busca promover la paz, el entendimiento internacional y la responsabilidad social. Aunque algunas de sus actividades y conexiones se han prestado a especulaciones, no hay evidencia creíble que lo vincule con planes globales secretos o conspiraciones.

Lo que sucede con estos grupos (Bilderberg, el Club de Roma, los masones, etc.) es que la falta de transparencia y la influencia de sus miembros en los asuntos globales alimentan la idea de que están detrás de un control oculto. Sin embargo, a menudo estas teorías giran en torno a la idea de que un pequeño grupo de élites tiene el poder absoluto sobre los destinos del mundo, algo que no es tan sencillo.

El capitalismo financiero global sí tiene su red de poderosos actores y mecanismos, pero el control no es tan centralizado ni homogéneo como las teorías conspirativas sugieren. El mundo está lleno de actores con intereses contrapuestos, y ningún grupo tiene el control total. Además, muchas de estas teorías se nutren de una visión paranoica del mundo, buscando explicaciones sencillas a fenómenos complejos.

Si bien el Club Bilderberg y el Club de Roma existen y tienen influencia, las teorías conspirativas que los vinculan a un control global secreto no están basadas en hechos verificables. Mezclar estos grupos con teorías sobre los «iluminados», «masones» o «intereses judíos» solo ayuda a distraer de los problemas reales que sí deben ser abordados: desigualdad económica, corrupción política y el impacto del capitalismo global.

El reto está en poder analizar de manera crítica las dinámicas de poder sin caer en simplificaciones que alimentan odio o desinformación.

TERCERA PARTE

FAKE NEWS COMO HERRAMIENTA POLÍTICA

¿Quién programa la fe del carbonero?
¿Quién le quita los puntos a las íes?
¿Quién descarta las cartas del cartero?
¿Quién me llora las gracias cuando ríes?
¿Quién privatiza el pan y la hermosura?
¿Quién patenta portales de Belén?
¿Quién empuña puñales con tonsura?
¿Quién me tortura, quién me quiere bien?
¿Quién duerme con cilicio y gabardina?
¿Quién riega el farolito de la esquina?
¿Quién me ha trucado el dado del parchís?
¿Quién le paga intereses al moroso?
¿Quién cobra sin cazar la piel del oso?
¿Quién guisa con aceite de hashish?

PEDRO GUERRA

13

Posverdad, ultraderecha, desinformación y concentración de poder

«Una dictadura perfecta tendría la apariencia de una democracia, pero sería básicamente una prisión sin muros de la que los presos ni siquiera soñarían con escapar. Sería esencialmente un sistema de esclavitud, en el que gracias al consumo y el entretenimiento, los esclavos amarían su servidumbre».

ALDOUS HUXLEY

En esta tercera parte, trataré de abordar cómo los mecanismos de desinformación para manipular a las masas son también una estrategia política consciente diseñada por actores que buscan ventajas en una realidad económica global. Donald Trump y sus principales colaboradores, más allá de políticos conservadores, son, no lo olvidemos, empresarios multimillonarios que en sus decisiones políticas priorizan, más que los intereses generales, los suyos propios y los de sus corporaciones.

A finales de 2017, la Real Academia Española de la Lengua, aceptó la palabra «posverdad» como un neologismo del inglés *«post-truth»*: *«aquella información o aseveración que no se basa en hechos objetivos, sino que apela a las emociones, creencias o deseos del público».*

La palabra se puso de moda para referirse a la agitación política causada por el Brexit en el Reino Unido y al impacto social que produjo la sorprendente primera victoria de Donald Trump en las elecciones norteamericanas de 2016. En el llamado ecosistema digital, las Big Tech, como Meta, X (Twitter), Google y TikTok, monetizan la polarización, lo que favorece la difusión de teorías conspirativas y *fake news*. Los algoritmos, diseñados para maximizar la atención, no discriminan entre información falsa y verdadera, sino que premian el contenido que genera más interacción emocional, lo que incluye el miedo, el odio y la incredulidad.

Supuesta mansión del hijo del presidente de Brasil, Lula da Silva. En realidad, se trata de la Escuela Superior de Agricultura. Este bulo lleva más de una década dando vueltas por nuestro país. Da igual que se desmienta, estamos condenados a recibir la misma basura una y otra vez.

Una casa de 600.000 euros a 39 kilómetros del centro de Madrid se califica de «casoplón», mientras que una vivienda de 1.000.000 de euros es «una gran compra» o «un nidito de amor». Todo depende de quien la compre. En mi pueblo, Rincón de la Victoria, apenas quedan viviendas, solo tenemos «casoplones».

Si eres Pablo Iglesias o Irene Montero, no puedes hipotecarte y comprar de manera honesta un chalet. Si eres Ayuso o Abascal, nadie va a pedirte explicaciones sobre la procedencia del dinero.

El locutor de la COPE, Carlos Herrera, convocó en su momento una «romería» a la casa de Pablo Iglesias e Irene Montero en Galapagar, para realizar una acción directa contra la «dictadura del chaletariado». El director de ABC se sumó a la misma. Se trataba de una convocatoria de acoso a Pablo e Irene. Todo ello financiado por la Iglesia, que es quien le paga casi 7 millones de euros anuales al conocido locutor.

La pareja de Pedro Sánchez fue víctima de un montaje donde la presentaban como un transexual. Además, con problemas de próstata.

Este fenómeno se potencia, porque las plataformas tecnológicas, al igual que los medios tradicionales, están alineadas con los intereses de grandes corporaciones que tienen un control sobre la información. Estas empresas no son neutrales, se benefician directamente de la desinformación, porque incrementan sus ingresos a través de clics y visualizaciones. La concentración de poder en pocas manos lleva a la creación de una realidad informativa que prioriza la rentabilidad antes que la ética periodística.

La figura de Donald Trump representa un clarísimo ejemplo de fusión entre el poder económico y el político. Trump, multimillonario y empresario, no solo dicta la política interna de Estados Unidos a través de sus intereses corporativos, sino que usa su posición para proteger y ampliar su riqueza personal, al mismo tiempo que manipula a sus seguidores mediante un discurso populista que recurre al miedo al otro y a la restauración de un orden «perdido».

Lo mismo ocurre con otros líderes de ultraderecha, como Jair Bolsonaro en Brasil o Viktor Orbán en Hungría, cuyos gobiernos, marcados por una agenda nacionalista y conservadora, sirven a proyectos que refuerzan sus propios intereses empresariales. Por ello es esencial preguntarse: ¿cómo los intereses privados de estas figuras de poder contribuyen a un modelo económico global que favorece a las élites multimillonarias y a los controladores de la información? Al buscar formas de acumular poder económico, se desestabiliza la política interna, y se crea una nueva estructura de dominación donde la desinformación es una herramienta clave para consolidar ese poder.

En este punto, el concepto de desinformación se traslada del ámbito político a un campo más amplio de control. No se trata solo de mentir por razones ideológicas, sino de crear un relato alternativo que desestabilice a las instituciones democráticas y controle el flujo de información para que los intereses de las grandes corporaciones prevalezcan. Al influir en la opinión pública a través de las noticias falsas, noticias alarmistas y teorías conspirativas, logran fragmentar a la sociedad, desviando la atención de cuestiones fundamentales como la justicia social, la redistribución de la riqueza y los derechos humanos.

En este contexto, las ultraderechas globales no son una corriente ideológica aislada, representan un modelo de control que busca garantizar la concentración de poder en una élite económica que emplea la desinformación para mantener y expandir sus privilegios. Así, la manipulación emocional, potenciada por los algoritmos de las plataformas digitales, se convierte en un mecanismo de dominación política y económica.

La desinformación nunca es un fenómeno accidental, sino una estrategia estructural al servicio alguien. El uso de teorías conspirativas, *fake news* y leyendas urbanas tiene como objetivo último fragmentar a la sociedad y desviar la atención de los problemas reales que afectan a las democracias: la desigualdad social, la corrupción empresarial y la concentración de poder. En la era digital, las Big Tech han permitido las narrativas manipuladoras de manera eficaz y masiva. El caso de Donald Trump se sirve de la desinformación para mantener un *statu quo* que favorece sus intereses personales y los de su círculo empresarial.

Es imperativo que la sociedad tome conciencia de este nuevo orden y entienda que el futuro depende de nuestra capacidad para discernir entre la mentira y la verdad, reclamando el espacio público para una información ética y responsable.

En la actualidad, menos de un 20 % de la población mundial vive en un país libre. No hablamos solo de estados autoritarios como China, Bielorrusia, Rusia, Cuba, Venezuela o Corea del Norte. Los Estados Unidos y la India son considerados democracias en dificultades. El equilibrio internacional está a favor de la tiranía. Este es un fenómeno que se agravó con la pandemia del COVID-19, pero el deterioro se viene documentando desde el año 2006. Estados Unidos abandonó el Consejo de Derechos Humanos de la ONU en 2018 y se ha informado de abusos de derechos. Amanda Klasing, representante de Amnistía Internacional, en febrero de 2025 dijo: «*El anuncio de que Estados Unidos se retira del Consejo de Derechos Humanos de la ONU, cuando ni siquiera es miembro, no es más que el último movimiento del presidente Trump de demostrar al mundo su total y flagrante desprecio por los derechos humanos y la cooperación internacional, incluso aunque debilite los intereses de Estados Unidos*».

Sacar a Estados Unidos del Consejo de Derechos Humanos se considera una burla para una institución que trabaja y promueve los derechos para las personas de todo el mundo, incluido Estados Unidos, país al que los últimos informes de Freedom House consideran una democracia imperfecta.

La derrota del nazismo y el fascismo en la Segunda Guerra Mundial abrió un horizonte de esperanza en un mundo libre de una de las ideologías más crueles e injustas que el ser humano pueda concebir. El mundo conoció el horror de más de 60 millones de muertos y del genocidio sufrido por minorías encerradas en campos de concentración. La URSS bajo el gobierno de Stalin se presentaba como un totalitarismo insoportable para la mentalidad occidental. Creíamos haber aprendido para siempre los riesgos de la tiranía y el totalitarismo.

En Occidente nos convencimos de que la libertad y la democracia estaban garantizadas. Era cuestión de tiempo que la población alcanzase un nivel de vida cada vez más cerca del «sueño americano», ese concepto cultural que describe la creencia de que en Estados Unidos cualquier persona puede prosperar y alcanzar una mejor vida si trabaja duro y persevera, con independencia de su origen social o económico. La Gran Depresión de 1929 popularizó ese «sueño», convertido en símbolo de esperanza para los estadounidenses. Posteriormente fue reinterpretado y adaptado a las circunstancias sociales de cada época. Pero para la mayoría, el «sueño americano» es una farsa, pues las desigualdades económicas no paran de aumentar, presionando a la gente para obsesionarse por el éxito material y la acumulación de riqueza en una nación joven y ambiciosa. Se creó el mito del *self-made man,* del hombre hecho a sí mismo, capaz de partir de la nada para llegar a la cima con su esfuerzo y talento. Este mito ha sido exportado al resto del mundo por el cine de Hollywood, la música y la televisión, idealizando a la sociedad norteamericana, como si allí existiese, si te lo propones, un paraíso de oportunidades con final feliz. Pero la realidad es que paulatinamente hemos ido conociendo las profundas grietas del sistema: desigualdades sociales, sistema de salud deficiente, pobreza, violencia y discriminación racial.

Para combatir la Gran Depresión, **Franklin D. Roosevelt** defendió la justicia social y la igualdad de oportunidades, ideas centrales en que se basan los programas electorales del partido demócrata. Pero esta idea más inclusiva del sueño americano es rechazada por el partido republicano, quien defiende, en cambio, como motor del progreso, el individualismo, políticas que giran alrededor de la libertad de empresa, el libre mercado y la reducción al mínimo del papel del Estado, añorando un pasado que nunca fue y con grandes dudas ante el futuro. Todo ello en una sociedad cada día más polarizada e individualista.

La llamada Guerra Fría, que se extendió desde 1947 hasta la disolución oficial de la Unión Soviética (URSS) el 25 de diciembre de 1991, fue un período de intranquilidad y preocupación por la posibilidad de un enfrentamiento nuclear, que haría desaparecer ciudades enteras, incluso la civilización misma. Quizá, por eso, George H. W. Bush dijo en el Congreso que *«el fin de la Guerra Fría fue una victoria para toda la humanidad, y el liderazgo de Estados Unidos, el instrumento que lo hizo posible»*. Pero según la organización independiente Freedom House, la democracia mundial está bajo asedio. Con la llegada del siglo XXI, el equilibrio internacional juega a favor de la tiranía en una tendencia negativa que comenzó en 2006. Cada vez es más frecuente el recurso a la fuerza militar para resolver disputas políticas, la última en la frontera entre India y Pakistán.

Entre junio y septiembre de 1947, al trazar la frontera entre ambos países siguiendo un criterio religioso (musulmanes e hindúes), unos 30 millones de personas se encontraban en el lado equivocado. Hubo más de 1 millón de muertos en esa emigración, y unas 75.000 mujeres secuestradas y violadas.

Lo de India y Pakistán es una especie de haka, la danza maorí con la que los guerreros neozelandeses demuestran orgullo, fuerza y unidad tribal, pero entre países que poseen armas nucleares (unas 160 ojivas nucleares cada una). Otras zonas con alta tensión actualmente son la península de Corea, Ucrania, Oriente Medio y Taiwan. Los nueve países que poseen armas nucleares son Estados unidos, Rusia, Francia, China, Reino Unido, Pakistán, India, Israel y Corea del Norte.

En su libro *Fascismo. Una advertencia,* Madeleine Albright, exsecretaria de Estado bajo el mandato del presidente Bill Clinton, se preguntaba en 2018: «*¿Por qué hay tantas personas en posiciones de poder tratando de socavar la confianza pública en las elecciones, en los tribunales de justicia, en los medios de comunicación y en la ciencia? ¿Por qué se ha permitido que se abran esas peligrosas divisiones entre ricos y pobres, entre lo urbano y lo rural, entre los que tienen estudios universitarios y los que no? ¿Y por qué en pleno siglo XXI volvemos a hablar de fascismo?*». La exsecretaria de Estado señalaba directamente a Donald Trump como uno de los culpables. Solo hay que revisar cada una de las declaraciones de Trump desde que decidió dedicarse a la política y veremos que no siguen para nada el ideal democrático. El discurso político oficial se ha limitado a difamar, despreciar, amenazar a los rivales políticos, los periodistas que no le besen el trasero son directamente «enemigos del pueblo estadounidense». Puso en duda la integridad del proceso electoral, acusando a inmigrantes y a sus países de procedencia, especialmente los de mayoría musulmana. Acusa de parcialidad a los jueces y al sistema penal norteamericano. Madeleine Albright termina preguntándose: «*¿Quién va a enarbolar el estandarte de la cooperación internacional?*».

Para Donald Trump, el mundo es un campo de batalla donde el objetivo de las naciones es arruinarse unos a otros en busca del máximo beneficio. Para él, la sociedad está formada por ganadores y perdedores. Incluso multimillonarios son perdedores, según con quién se comparen.

En la lógica política de Roosevelt o Truman, los Estados Unidos se beneficiaban cuando la seguridad, la prosperidad y la libertad eran compartidas por todos. Un ejemplo fue el Plan Marshall. Una economía europea estancada limitaría el poder de compra de productos norteamericanos. Y su política se basaba en atender los problemas de los demás, aunque sea para que no terminen afectándote. Pero las medidas de Trump no dan ningún valor ni a la cooperación internacional ni a los valores democráticos, creando el clima político ideal para el fascismo.

14

El poder de la mentira

En ocasiones, mitos, fraudes y ficciones cambiaron el curso de la historia. Desde pretextos bélicos hasta fraudes científicos, pasando por histerias colectivas disfrazadas de justicia, las grandes mentiras han moldeado naciones, provocado guerras y legitimado atrocidades. Vamos a examinar someramente algunos ejemplos que ilustran cómo la verdad puede ser distorsionada al servicio del poder.

Después de los atentados del 11-S en 2001, en Nueva York y Washington, Estados Unidos respondió con la llamada «guerra contra el terrorismo». El país más poderoso del mundo fue humillado. Consideró que la muerte de casi 3.000 personas y la destrucción de las Torres Gemelas, símbolo del poder estadounidense, hacían peligrar su liderazgo.

Casi 3.000 víctimas murieron en el execrable atentado del 11-S.

Tras la invasión de Afganistán, donde se cobijaban algunos líderes de Al Qaeda (organización terrorista responsable de la masacre), Estados Unidos se planteó iniciar una guerra contra Irak en 2003, tratando de justificarla con argumentos que enseguida se demostraron falsos. Se alegó que el régimen de Saddam Hussein poseía armas de destrucción masiva. Los servicios de inteligencia estadounidense y británico confirmaron posteriormente que tales armas jamás existieron. Estados Unidos nunca contó con el apoyo del Consejo de Seguridad de la ONU, pero consiguió el respaldo del primer ministro británico Tony Blair y del presidente español José María Aznar.

El 13 de febrero de 2003, durante una entrevista en Antena 3, Aznar dijo: «*El régimen iraquí tiene armas de destrucción masiva. Pueden estar seguros todos los que nos están viendo*». Las consecuencias de esta mentira fueron devastadoras: cientos de miles de muertes, el colapso del Estado iraquí, el auge del extremismo y la desestabilización prolongada del Medio Oriente. Se demostró cómo un embuste puede utilizarse para legitimar acciones condenadas por el derecho internacional.

Más de ciento veinticinco años atrás, el hundimiento del acorazado USS Maine sirvió para justificar la guerra hispano-estadounidense en 1898. La explosión de este navío en el puerto de La Habana fue el detonante del conflicto. La prensa sensacionalista norteamericana impulsó el relato que atribuía a España la agresión.

USS Maine, el acorazado enviado al puerto de La Habana para proteger los intereses estadounidenses. Murieron 268 marineros.

Posteriores investigaciones sugirieron que la explosión pudo haber sido causada accidentalmente por la combustión espontánea del carbón de bismuto almacenado a bordo. Pero, para entonces, la maquinaria propagandística ya había hecho su trabajo.

Otro ejemplo: en el Massachusetts colonial, hacia finales del siglo XVII, una oleada de pánico se desató cuando un grupo de niñas, hombres y mujeres fueron acusados de brujería, basándose casi todas las acusaciones en rumores. Lo que siguió fue una serie de juicios viciados, en los que la confesión se obtenía bajo presión, y las pruebas, circunstanciales o imaginarias. Diecinueve de los acusados (catorce mujeres y cinco hombres) fueron ahorcados. Parece que el fanatismo religioso de los puritanos, el machismo, el complot de una familia con interés en alguna propiedad, incluso el efecto alucinógeno del cornezuelo del centeno (que actúa como el LSD) o la acumulación de estos factores pudieron originar el estallido fanático. Es un claro ejemplo de cómo el miedo, cuando se instrumentaliza, puede aniquilar la razón y la justicia.

En 1912, el arqueólogo aficionado Charles Dawson y el paleontólogo Arthur Smith Woodward anunciaron el hallazgo del llamado «hombre de Piltdown», un supuesto eslabón perdido entre el simio y el hombre. El descubrimiento, hecho en Sussex, Inglaterra, fue acogido con entusiasmo por la comunidad científica británica, ya que parecía confirmar la supremacía evolutiva de Europa sobre África. Sin embargo, en 1953 se demostró que el fósil era un montaje: un cráneo humano moderno combinado con una mandíbula de orangután, hábilmente envejecidos. El engaño había durado más de cuarenta años y fue favorecido por prejuicios raciales y eurocéntricos que descartaban otros hallazgos auténticos en África Oriental, por no encajar en el relato dominante.

El régimen nazi en Alemania, liderado por Adolf Hitler, desarrolló una maquinaria propagandística basada en la construcción de un enemigo interno: los judíos. La noción de una conspiración judía internacional fue repetida hasta convertirse en dogma. El ministro de Propaganda, Joseph Goebbels, perfeccionó la estrategia de «la gran mentira»: una falsedad lo suficientemente colosal para que nadie pudiera creer que se trataba de una invención. Esta mentira sirvió como justificación para las leyes de Núremberg, la exclusión social, la persecución sistemática y, finalmente, el Holocausto. La narrativa antisemita fue aceptada como cierta por amplios sectores de la población alemana y reproducida por otros regímenes y movimientos políticos en Europa.

El caso de San Dominguito del Val es otro ejemplo revelador de cómo se inventó a un santo para legitimar la violencia contra los judíos en la España medieval. Este santo, que nunca existió, sería un niño cristiano martirizado por los judíos en la ciudad de Zaragoza durante el siglo XIII. Forma parte de un patrón macabro y recurrente en la Europa medieval: la invención de «niños mártires», cuya muerte era atribuida a rituales judíos ficticios, con el fin de justificar la persecución y el odio antisemita. La leyenda sirvió como excusa para lograr la exclusión social y religiosa de los judíos en España.

Según la leyenda, Dominguito del Val era un monaguillo de la catedral de Zaragoza cuando fue secuestrado y asesinado por los judíos en un supuesto sacrificio ritual. A partir de este relato, el niño fue elevado a los altares. La primera biografía de tan tierno santo es de unos trescientos años después. Fue venerado hasta 1965, año en que el papa Pablo VI lo retiró de los calendarios, no solo por su carácter antisemita, sino sobre todo por no haber existido.

Este tipo de relatos, pese a su falsedad, se utilizó para alimentar el miedo popular, facilitaban las expropiaciones y servían como pretexto para limitar los derechos de los judíos o incluso expulsarlos. La leyenda de Dominguito del Val ayudó a reforzar el imaginario colectivo de que los judíos eran enemigos internos peligrosos, preparando el terreno para su expulsión definitiva en 1492 por los Reyes Católicos.

El culto a este santo niño fue promovido desde instancias eclesiásticas, con reliquias falsas, celebraciones litúrgicas y procesiones. La figura de Dominguito se convirtió en un símbolo de pureza infantil cristiana corrompida por el «otro» y, por tanto, un instrumento de cohesión y propaganda dentro de una sociedad que se dirigía hacia la unificación religiosa por la fuerza. Lo más trágico de esta invención es que, pese a haber sido desacreditada por los historiadores modernos, el culto a San Dominguito del Val ha perdurado. Todavía existe una capilla dedicada a él en la catedral de Zaragoza, y durante siglos su figura fue venerada como auténtica, perpetuando el estigma sobre la comunidad judía mucho después de su expulsión.

Este episodio demuestra cómo una mentira emocionalmente potente, cuando se asocia a símbolos religiosos y se inscribe en la tradición, puede sobrevivir a los hechos y conservar su fuerza, incluso después de ser refutada. En este sentido, la figura de San Dominguito del Val no es solo un invento: es una herramienta de odio institucionalizado, un ejemplo de cómo la ficción puede justificar la exclusión, la violencia y el genocidio cultural.

El caso de San Dominguito del Val pone de relieve un mecanismo común en la historia del antisemitismo: el uso de relatos emocionales, religiosos y visualmente impactantes para crear enemigos públicos, no dudando en canonizar a una persona inexistente.

San Dominguito del Val, el santo que nunca existió.

15

De la manipulación del 11-M a la dana en Valencia

El 11 de marzo de 2004, España sufrió uno de los atentados más trágicos de su historia. Un ataque terrorista islamista acabó con la vida de 192 personas y dejó más de 2.000 heridos. Lo que debería haber sido un momento de unidad y búsqueda de la verdad se convirtió en un ejercicio de manipulación política sin precedentes. El gobierno del Partido Popular, con José María Aznar a la cabeza, decidió construir un relato falso para intentar salvar su permanencia en el poder, señalando a ETA como autora del ataque. Lo hizo, a pesar de que las pruebas apuntaban en dirección contraria e ignorando las advertencias de sus propios servicios de inteligencia. Esta estrategia, amplificada por medios de comunicación afines, sembró la duda en la sociedad, y más de dos décadas después uno de cada tres españoles sigue creyendo esa mentira.

La misma mañana del atentado, Aznar llamó personalmente a los directores de los principales medios para insistir en que ETA era la responsable. Esto marcó la narrativa inicial en periódicos como *El Mundo* o *ABC*. Pero mientras el Gobierno insistía en la autoría de ETA, las pruebas sobre un ataque yihadista se acumulaban desde el primer día: los testigos señalaron a individuos de origen árabe colocando las mochilas bomba; los explosivos no eran los usados habitualmente por ETA (Titadyne), sino Goma-2 ECO, más común en redes islamistas; aparecieron cintas con versos del Corán en una furgoneta abandonada y, por si fuera poco, Al Qaeda reivindicó el atentado en varios comunicados. A pesar de esto, el gobierno de Aznar, erre que erre, siguió defendiendo la teoría de ETA hasta el 13 de marzo, un día antes de las elecciones generales, cuando la evidencia era ya incontestable. El ministro del Interior, Ángel Acebes, insistió durante tres días seguidos en que ETA era la única línea de investigación y tachó de «miserables» a quienes hablaban de una posible conexión islamista.

Pero ¿por qué era tan importante para el PP culpar a ETA? El contexto político es clave para entender esta estrategia de manipulación. Aznar había apoyado la guerra de Irak de 2003, en contra del 90 % de la opinión pública española. Si el atentado era islamista, se vería como una represalia directa por la guerra, lo que perjudicaba al PP antes de las elecciones. Sin embargo, culpar a ETA permitía reforzar su discurso de «mano dura contra el terrorismo». Pero la verdad ya se había filtrado y la ciudadanía reaccionó. El 13 de marzo, miles de personas se manifestaron frente a la sede del PP exigiendo transparencia bajo el lema «queremos saber la verdad». El resultado conocido es que el PP perdió las elecciones del 14 de marzo frente al PSOE de José Luís Rodríguez Zapatero.

Aunque el caso del 11-M quedó judicialmente cerrado con la condena de islamistas radicales, la derecha y la ultraderecha han mantenido viva la teoría conspirativa de que «fue ETA» o que «nunca se supo la verdad». Incluso algunos medios como *El Mundo* y personajes como Federico Jiménez Losantos han impulsado narrativas alternativas, como, por ejemplo: *«ETA e islamistas colaboraron juntos en el atentado», «El PSOE estaba implicado y manipuló las pruebas» o «Los autores reales siguen sin identificarse».*

Este episodio marcó el inicio de una estrategia política basada en la desinformación sistemática. La derecha y la ultraderecha comprendieron que podían modelar la realidad según sus intereses, siempre que contaran con la complicidad de ciertos medios de comunicación y el altavoz de las redes sociales. Desde entonces, la posverdad se ha convertido en su herramienta de combate, distorsionando hechos y fabricando enemigos para consolidar su narrativa.

El caso del 11-M es una lección sobre cómo un gobierno puede utilizar *fake news* para tratar de reescribir la verdad. Lo preocupante es que hoy vemos este patrón en la extrema derecha global, con políticos como Trump, Milei o Abascal, que sistemáticamente emplean la desinformación para movilizar a sus seguidores. La ultraderecha ha aprendido que la verdad importa menos que la narrativa emocional. Los bulos se han profesionalizado: hoy se usan bots y cuentas automatizadas para difundir mentiras. Sabemos que las teorías conspirativas refuerzan burbujas ideológicas donde la gente solo consume «su versión» de los hechos, porque las redes sociales han multiplicado su alcance. La pregunta que queda en el aire es: ¿cómo podemos combatir esta manipulación en la era digital?

El caso reciente que evidencia la continuidad de esta estrategia es la gestión de la dana en Valencia. Con Carlos Mazón al frente de la Generalitat, la respuesta institucional fue desastrosa: los avisos de emergencia no se activaron a tiempo, las alertas llegaron tarde y la falta de previsión resultó evidente. Sin embargo, en lugar de asumir responsabilidades, el Partido Popular recurrió a su manual habitual: la construcción de una realidad alternativa. Se señaló al Gobierno central como culpable y se lanzó una batería de acusaciones falsas, incluyendo supuestos errores de la Agencia Estatal de Meteorología y un inexistente apagón informativo. Además, se introdujeron elementos ajenos a la crisis, como la falta de obras de canalización o la ausencia de patrullas policiales tras la tormenta para desviar la atención del problema real: la negligencia del Gobierno valenciano. Una estrategia consolidada y ejecutada con la ayuda de un ecosistema mediático que refuerza la mentira en lugar de desmentirla.

En el caso del 11-M, fueron periódicos como *El Mundo*, con su campaña de teorías conspiranoicas, y emisoras como la COPE las que sostuvieron la patraña. Hoy, son medios como *OK Diario*, *Libertad Digital* o *EsRadio,* entre otros, los que continúan con la misma labor de distorsión, amplificando discursos manipulados y negando realidades incómodas para la derecha. Las redes sociales que permiten la viralización de bulos a gran escala, los ejércitos de cuentas automatizadas y trols juegan un papel clave en la difusión de esta propaganda.

El problema fundamental de esta estrategia es que la desinformación, cuando se usa como herramienta de poder, no solo moldea coyunturas concretas, sino que erosiona la confianza en la verdad misma. Si una parte significativa de la ciudadanía sigue creyendo que ETA tuvo algo que ver con el 11-M, es porque la repetición constante de una mentira acaba incrustándola en la memoria colectiva. Lo mismo puede ocurrir con la dana: si la narrativa de la derecha se impone, en unos años se recordará el episodio como un fallo del Gobierno central y no como lo que realmente fue.

Lo ocurrido tras el 11-M y veinte años después con la dana de Valencia son ejemplos de una estrategia sistemática de manipulación de la realidad. Un entramado de medios de comunicación, algunos de ellos financiados directa o indirectamente por administraciones afines, garantiza la permanencia de estos relatos, mientras la verdad queda relegada a un segundo plano. La mentira ya no es un simple recurso ocasional, sino el eje central sobre el que se construyen discursos políticos y estrategias de poder.

El desafío al que nos enfrentamos no es solo desmentir cada una de estas falsedades, sino evitar que se conviertan en dogmas inamovibles. En una sociedad donde la mentira se normaliza, la democracia misma se ve amenazada, ya que se diluyen los límites entre el debate legítimo y la manipulación sistemática. Mientras, España sigue atrapada entre las sombras con su futuro empañado por las mentiras del pasado.

16

La desinformación como mercancía

La indignación vende y sube las audiencias. La información ya no se valora tanto por su veracidad, sino por su capacidad de generar clics, reacciones o emociones. Iker Jiménez, Pablo Motos, Eduardo Inda, Ana Rosa Quintana o Alvise Pérez lo saben porque son de los que mueven los hilos de la desinformación. Un estudio realizado por la revista *Science* en 2018 demostró que las publicaciones en redes sociales que contienen información falsa se retuitean un 70 % más que las verdaderas.

En la lógica del capitalismo digital, la atención humana se ha convertido en el recurso más valioso. Cada segundo que pasamos ante una pantalla es una oportunidad para obtener datos, vender productos o moldear percepciones. La desinformación no es un accidente del sistema, es un producto muy rentable.

El reciente ejemplo de la catástrofe provocada por la dana en Valencia lo demuestra. Cuanto más falsa sea la información, mayor enfado provoca y logra que cliquemos y aumentemos las visitas a determinada página. Es precisamente esa emoción provocada por la supuesta información la que facilita la difusión de mentiras por toda la red, sobre todo las mentiras políticas que logran también debilitar la conciencia crítica, porque normalmente extienden sospechas sobre corrupciones desde el poder.

Killian McLoughlin, investigador en psicología y política social en la Universidad de Princeton, analizó junto a su equipo más de un millón de enlaces en Facebook y 44.000 publicaciones en la red social X, clasificando las fuentes como confiables o desinformativas. Luego realizaron dos experimentos en los que midieron la indignación que generaban ciertos titulares de noticias —verdaderas y falsas— en 1.475 participantes. McLoughlin concluyó que *«las personas pueden compartir información indignante sin comprobar su exactitud, porque compartir es una forma de señalar tu posición moral o pertenencia a ciertos grupos».* Y eso parece importar más que la verdad o la mentira.

Vivimos en un sistema donde la desinformación se ha convertido en una mercancía rentable, producida, empaquetada y distribuida masivamente a través de plataformas que monetizan cada segundo de atención que logran captar. Podemos decir que son productos diseñados con fines específicos, y que encuentran su valor en el mercado digital al igual que cualquier otro bien de consumo. Su tasación política es fácil de inferir: cuanto más confundida está la ciudadanía, más difícil será que pueda organizarse, exigir, pensar críticamente o imaginar alternativas al orden establecido. Desde este punto de vista, desinformar se convierte en una inversión, una estrategia para proteger privilegios, desviar debates incómodos y mantener la hegemonía de ciertos sectores de poder.

Y, como toda mercancía, la desinformación se adapta a la demanda: se vuelve emocional, viral, entretenida. Puede llegar, como quien no quiere la cosa, disfrazada de meme, de comentario de humor, de opinión ciudadana. La paradoja a la que nos enfrentamos es que, en un mundo con acceso sin precedentes a la información, nunca fue tan fácil desinformar, precisamente porque hay una sobreabundancia caótica de datos, cuidadosamente desordenados para agotar nuestra capacidad de discernir. Cuando todo parece relativo, cuando ya nadie confía en nada, la verdad pierde valor y, con ella, la democracia misma. El algoritmo selecciona, amplifica y moldea el flujo de información según intereses empresariales, no democráticos. No distingue entre lo verdadero o lo falso, sino entre lo rentable y lo inerte. De este modo, la confusión no es un fallo del sistema: es el sistema funcionando perfectamente, cumpliendo su cometido de confundirnos. Por ello no basta con reclamar «más información» o «educación digital»; necesitamos desarrollar una conciencia crítica capaz de desenmascarar la lógica mercantil que existe tras la manipulación informativa y entender que mientras la verdad no sea rentable, seguirá siendo minoritaria.

Si la información es poder, entonces la desinformación también lo es: poder para unos pocos, un poder ejercido con *scrolls, likes* y retuits, disfrazado de libertad, pero orientado a adormecer cualquier deseo de transformación.

Durante la pandemia de COVID-19, millones de usuarios compartieron contenidos falsos sobre vacunas, microchips, remedios milagrosos (como las inyecciones de desinfectante que sugirió Donald Trump en abril de 2020) o conspiraciones globales, con el fin casi de deslegitimar gobiernos o promover desconfianza institucional.

El filósofo surcoreano **Byung-Chul Han**, muy crítico con el neoliberalismo y su impacto en la sociedad, ha señalado que vivimos en la «sociedad del cansancio», donde el exceso de estímulos y de información agota la capacidad de atención y de juicio. Esto no significa que la verdad desaparezca, simplemente deja de importarnos, se diluye entre miles de voces, teorías, datos y emociones.

Del mismo modo, **Shoshana Zuboff**, en su libro *La era del capitalismo de la vigilancia,* expone cómo las grandes plataformas tecnológicas han creado un nuevo modelo económico basado en la extracción masiva de datos personales, que luego se usan para predecir y modificar comportamientos. Esto explica por qué la desinformación es útil incluso cuando es refutada: porque ya ha cumplido su propósito. Su objetivo no es convencer, sino confundir, dividir, desgastar la confianza pública. Cuanto más desorientada esté una población, más fácil será manipularla y será menos capaz de exigir cambios estructurales.

Hoy existen auténticas granjas de contenido dedicadas exclusivamente a producir desinformación con fines económicos o políticos. En países como Brasil, Rusia, India o Estados Unidos, se han documentado redes organizadas de bots y cuentas falsas que difunden mensajes polarizantes, noticias falsas o ataques coordinados contra figuras públicas, como el de la ministra Pilar Alegría con acoso machista incluido.

Un ejemplo notable fue el caso de Cambridge Analytica, que utilizó datos extraídos de Facebook para segmentar psicológicamente a millones de votantes en Estados Unidos y el Reino Unido. La campaña de Donald Trump en 2016 y la campaña de Brexit en el Reino Unido se apoyaron en mensajes hiperpersonalizados que apelaban al miedo, a la identidad y a la emoción más que a los hechos en un algoritmo que vendía ideología. Este modelo se ha ido extendiendo en TikTok, X, Instagram o WhatsApp, donde los movimientos más reaccionarios campan a sus anchas con campañas que van desde «con Franco se vivía mejor», el miedo al inmigrante, las sospechas contra la ciencia y, en general, el odio a lo diverso. Se trata, en definitiva, de una batalla cultural en formato de entretenimiento, donde la mercancía es la emoción y el objetivo la adhesión ideológica sin reflexión.

Noam Chomsky, el nonagenario profesor e intelectual, autor de más de 150 libros y gran activista político, advirtió que uno de los mecanismos más eficaces de control es distraer, saturar y desorientar. En lugar de censurar, es más eficaz dificultar el discernimiento. En lugar de reprimir, se ofrece una falsa libertad de expresión donde todo vale y nada importa. En este ámbito, la desinformación funciona como una anestesia colectiva que adormece la capacidad de análisis, vacía el debate público de contenido y convierte la política en una guerra de consignas y emociones volátiles. ¿Cómo discutir sobre derechos, justicia o medio ambiente cuando millones de personas creen que la Tierra es plana o que las vacunas son un plan de control global?

Por ello resulta necesario cuestionar el modelo económico que convierte la mentira en mercancía, y exigir que las plataformas asuman su responsabilidad estructural. Hay que repolitizar el debate sobre la verdad, para dejar claro que la lucha contra la desinformación es también una lucha por la democracia y la dignidad colectiva. Fue el filósofo italiano Franco «Bifo» Berardi quien escribió: «*Cuando la información es un flujo continuo sinsentido, lo único que queda es el shock, la emoción bruta, la obediencia ciega*». Salir de esa lógica es urgente, porque si seguimos aceptando que la desinformación sea mercancía de entretenimiento, estaremos renunciando sin darnos cuenta a uno de los bienes más preciados: la posibilidad de comprender el mundo para transformarlo en un escenario más justo para la humanidad.

LAS 10 ESTRATEGIAS DE MANIPULACIÓN MEDIÁTICA

Son una lista atribuida al escritor francés **Sylvain Timsit**, quien describe tácticas utilizadas por los medios de comunicación, gobiernos y élites para influir en la opinión pública y mantener el control social. Aunque la autoría de Timsit ha sido cuestionada y algunos argumentan que la lista es una recopilación de ideas de diversos pensadores, estas estrategias han ganado popularidad por su relevancia en el análisis crítico de los medios. Muy resumidas son las siguientes:

1. La estrategia de la distracción: consiste en desviar la atención del público de los problemas importantes y cambios decididos desde el poder, mediante la saturación de información trivial o entretenimiento. Esto mantiene a la población ocupada y evita que cuestione las decisiones políticas o económicas.

2. Crear problemas y ofrecer soluciones: se crea un problema o una situación de crisis real o percibida, para que el público demande soluciones. Luego, se proponen medidas que benefician a quienes están en el poder, pero que de otra manera serían impopulares.

3. La estrategia de la gradualidad: para hacer aceptable una medida impopular, se aplica de forma gradual, en pequeñas dosis, durante un período prolongado. Esto hace que los cambios pasen desapercibidos y sean más fáciles de aceptar.

4. La estrategia de diferir: se presenta una decisión impopular como «dolorosa pero necesaria» y se pospone su aplicación para el futuro. Esto permite que el público se acostumbre a la idea y la acepte con menos resistencia cuando finalmente se implemente.

5. **Dirigirse al público como si fueran niños**: los mensajes mediáticos y políticos a menudo utilizan un lenguaje simplista, emotivo o infantil, tratando al público como si no tuviera la capacidad de entender temas complejos. Esto refuerza la pasividad y la dependencia.

6. **Utilizar el aspecto emocional más que la reflexión**: los medios apelan a las emociones (miedo, ira, compasión) para influir en la opinión pública, evitando el análisis racional y crítico. Esto permite manipular las percepciones y decisiones de las personas.

7. **Mantener al público en la ignorancia y la mediocridad**: se limita el acceso a una educación de calidad y a información relevante, manteniendo al público en un estado de ignorancia. Esto dificulta que las personas comprendan los mecanismos de control y explotación.

8. **Estimular al público a ser complaciente con la mediocridad**: se promueve la idea de que está de moda ser vulgar, superficial o poco crítico. Esto desincentiva el pensamiento profundo y la búsqueda de conocimiento.

9. **Reforzar la autoculpabilidad**: se hace creer a los individuos que son culpables de sus problemas socioeconómicos, en lugar de cuestionar las estructuras de poder. Esto genera sentimientos de impotencia y desmovilización.

10. **Conocer a los individuos mejor de lo que se conocen ellos mismos**: gracias a la recopilación de datos y estudios psicológicos, las élites y los medios conocen los deseos, miedos y comportamientos del público mejor que ellos mismos. Esto permite manipularlos de manera más efectiva.

LA VENTANA DE OVERTON

Es un concepto utilizado tanto en sociología como en la ciencia política a partir del desarrollo de la idea de **Joseph Overton** (1960-2003), quien describió el rango de ideas políticas que el público está dispuesto a aceptar en un momento dado. No es una herramienta en sí, sino, más bien, una forma de entender cómo ciertas ideas, que inicialmente pueden parecer radicales o inaceptables, pueden volverse razonables con el tiempo a través de un cambio en el discurso público. En el contexto de políticas de ultraderecha, como las asociadas con Donald Trump, algunos analistas han argumentado que la ventana de Overton se ha movido de modo que ideas que antes se consideraban marginales o extremistas ganen más aceptación. Esto puede ocurrir a través de varios mecanismos, como la normalización de discursos que antes se consideraban tabú, la polarización política, o el uso estratégico de medios de comunicación y redes sociales para influir en la opinión pública.

Por ejemplo, durante la anterior presidencia de Donald Trump en Estados Unidos, se observó como ciertas retóricas políticas relacionadas con la inmigración, el nacionalismo económico y el escepticismo hacia el cambio climático, que antes podrían haber sido consideradas extremas, ganaron terreno en el debate público. Esto no significa necesariamente que la mayoría de la población esté de acuerdo con estas ideas, sino que han entrado en el ámbito de lo «discutible» dentro del espectro político.

17

«*Nihil novum sub sole*»
(Nada nuevo bajo el sol)

El caso del Documento PPS/23

«Poseemos alrededor del 50 % de la riqueza mundial, pero solo el 6,3 % de su población... En esta situación, no podemos evitar ser objeto de envidia y resentimiento. Nuestra verdadera tarea en el futuro próximo es diseñar un modelo de relaciones que nos permita mantener esta posición de disparidad... Para ello, tendremos que prescindir de todo sentimentalismo y fantasía; y nuestra atención deberá concentrarse en todos nuestros objetivos nacionales inmediatos... Debemos dejar de hablar de objetivos vagos e irreales como los derechos humanos, la mejora del nivel de vida y la democratización. No está lejos el día en que tengamos que lidiar con conceptos de poder puros».

George Kennan,
jefe del Equipo de Planificación de
Políticas del Departamento de Estado

El documento conocido como PPS/23 se refiere a unas instrucciones de planificación estratégica del Departamento de Estado de los Estados Unidos redactado en 1948 por **George Kennan** (1904-2005), entonces jefe del Policy Planning Staff

(Equipo de Planificación de Políticas). Por supuesto, este documento no fue concebido para el público; sin embargo, era la guía estratégica interna para orientar la política exterior.

El nivel de vida más alto del mundo, especialmente pensado para los WASP (protestantes, anglosajones y blancos). Negros, hispanos y otras minorías difícilmente accedían al llamado «american way of life».

Los derechos humanos, los valores democráticos o la mejora del nivel de vida pasan a ser objetivos secundarios y supeditados a que los norteamericanos, como vencedores de la Segunda Guerra Mundial, conservasen indefinidamente su estatus económico. La sociedad estadounidense de la posguerra se autodefinía como la más libre, próspera y democrática del mundo. La famosa imagen «The world's highest standard of living» divulgaba una vida idílica al volante de un Cadillac, con niños rubios y mujeres sonrientes. Pero, tras esa fachada, se escondía una estructura profundamente excluyente, donde el «sueño americano» era, en realidad, un privilegio blanco.

El supuesto ideal de libertad y abundancia era una utopía consumista en una sociedad racista, donde quedaban fuera los afroamericanos, los pueblos indígenas, los asiáticos, los hispanos y otras minorías en Estados Unidos. En el exterior, la llamada Doctrina Truman se «vendía» como un apoyo a *«pueblos libres que están resistiendo los intentos de subyugación por minorías armadas o por presiones exteriores».* Trataba de contener la influencia soviética en el mundo, brindando apoyo económico y militar para, en teoría, defender la democracia. Pero, como dice el sabio refranero español, «obras son amores y no buenas razones», que habla de los gestos y las acciones reales de los Estados Unidos. Con tal de fortalecer el bloque anticomunista, no dudaron jamás en apoyar regímenes que se reían literalmente de los derechos humanos, regímenes a los que, como mucho, calificaba de «autoritarios» y los consideraba un mal menor.

Hablamos de dictadores como Trujillo en la República Dominicana, Batista en Cuba, Pinochet en Chile, Videla en Argentina, Stroessner en Paraguay, Marcos en Filipinas, Franco en España o Suharto en Indonesia, entre otros. Por no hablar de Grecia, Portugal, Guatemala o la República Democrática del Congo (antiguo Zaire). Gracias a la ayuda norteamericana, algunos dictadores se mantuvieron largos años en el poder. De modo que Estados Unidos predicaba la democracia, pero la cruda realidad es que respaldaba a crueles regímenes dictatoriales que dejaron como legado violaciones de los derechos humanos y persistentes cicatrices sociales.

En opinión del profesor **Noam Chomsky**, con la llegada de Colón a América en 1492, las potencias occidentales han mantenido una estrategia de expansión y control económico que ha evolucionado en formas, pero no en esencia. Chomsky ha demostrado con su trabajo cómo el imperialismo moderno, disfrazado de globalización o desarrollo, perpetúa la desigualdad y el sometimiento de los países del sur global. El discurso oficial presenta la expansión capitalista como progreso, utilizando términos como «democracia» o «derechos humanos» para justificar intervenciones y políticas que, en realidad, favorecen a intereses hegemónicos e imperialistas. Analizando el papel de Estados Unidos en diversos conflictos, Chomsky demostró cómo sus acciones han contribuido a la explotación y el sufrimiento de muchos pueblos. Los mecanismos económicos y políticos siguen beneficiando a las potencias dominantes. Por eso reclama una conciencia crítica y resistencia contra las estructuras de poder que perpetúan la desigualdad y la injusticia en el mundo.

El caso de Chile

Sin duda alguna, el golpe militar del 11 de septiembre de 1973 es quizá uno de los acontecimientos históricos más importantes de Chile en todo el siglo XX.

Dos personajes norteamericanos jugaron desde la sombra un destacado papel:

Edward Korry (1922-2003): embajador de Estados Unidos en Chile entre 1967 y 1971, es conocido por una frase muy citada en el contexto del golpe de Estado contra Salvador Allende y la estrategia estadounidense en Chile. La cita que se le atribuye es: *«No vamos a dejar que Chile se vuelva marxista porque su pueblo sea irresponsable».*

Richard Helms (1913-2002): por entonces, director de la CIA, recordado por su secretismo, sus mentiras y su frialdad planificando asesinatos. Trabajó para los presidentes Lyndon B. Johnson y Richard Nixon. Fue este último quien ordenó medidas encubiertas para impedir que Allende asumiera el poder, incluyendo sabotaje económico, apoyo a la oposición y enormes sumas de dinero.

En 1970, Salvador Allende, candidato socialista, ganó con limpieza las elecciones presidenciales en Chile, pero su triunfo generó alarma en Washington. Estábamos en plena Guerra Fría y se temía que Chile se convirtiera en «otra Cuba». Para Nixon y Kissinger era inaceptable que un país latinoamericano eligiera libremente un gobierno que ellos no aceptaban.

El 15 de septiembre de 1970, Richard Helms fue convocado a una reunión secreta en la Casa Blanca con Nixon y Kissinger. Allí se decidió impedir la investidura de Allende, sin importar los medios. La estrategia a seguir: asfixiar a la economía chilena para desestabilizar el país. Bloquearon los créditos internacionales, presionaron para que instituciones como el Banco Mundial y el FMI limitaran la financiación, organizaron incluso sabotaje comercial y restringieron las inversiones al mínimo.

El plan buscaba generar caos económico para que la ciudadanía chilena relacionara el gobierno de Allende con el desastre para favorecer su caída. Korry admitió que el objetivo no era solo derrocar a Allende, sino que la ruina chilena sirviera de escarmiento para disuadir a otros países de América Latina, ya que les ocurriría lo mismo si seguían un modelo similar.

A este plan bien maquinado para la desestabilización de Chile se le llamó **Operación FUBELT** o **Track II**. Gracias a los documentos desclasificados sabemos que son ciertos los datos que aporto.

Aunque Helms dejó la CIA antes del golpe militar del 11 de septiembre de 1973, su responsabilidad fue directa en la etapa de desestabilización previa.

La estrategia funcionó según lo previsto: Chile sufrió desabastecimiento, inflación y una crisis financiera agudizada por el bloqueo estadounidense. Todo esto allanó el camino para el golpe del general Pinochet, que instauró la dictadura con el apoyo de Estados Unidos. Se trataba, como dijo Edward Korry, de *«hacer gritar de dolor a la economía chilena»*. En su programa electoral de 1970, Allende anunciaba nacionalizaciones de bancos y del cobre, lo cual amenazaba los intereses de corporaciones estadounidenses, como Anaconda Copper, compañía dueña de la mina de cobre más grande del planeta al norte de Chile, y la ITT, una de las multinacionales más grandes del mundo.

El asesor de Nixon, Henry Kissinger, declaró: *«No veo por qué tenemos que permitir que un país se vuelva comunista por la irresponsabilidad de su pueblo»*.

En 1977, Richard Helms fue juzgado por el Congreso de los Estados Unidos por haber mentido bajo juramento sobre la participación de la CIA en Chile. Fue condenado por perjurio, aunque se le impuso solo una multa simbólica. Richard Helms encarna perfectamente la lógica del PPS/23 de preservar el dominio global estadounidense mediante el control encubierto de procesos políticos extranjeros, incluso a costa de cargarse a democracias legítimas.

A las 11:52 del 11 de septiembre de 1973, las últimas palabras del presidente Salvador Allende resonaron por Radio Magallanes: *«Tengo fe en Chile y su destino»*. Horas después, La Moneda ardía bajo las bombas de la fuerza aérea. Allende estaba muerto. Y aunque la historia oficial atribuye la caída del gobierno socialista a factores internos, los documentos desclasificados cuentan una historia que atraviesa pasillos enmoquetados de la Casa Blanca y los despachos secretos de la Agencia Central de Inteligencia: Estados Unidos deseó, facilitó, financió y celebró ese golpe de Estado.

Amenaza marxista en las Américas.

Para conseguir sus objetivos, la CIA destinó millones de dólares a sobornos, operaciones psicológicas y apoyo a sectores del Ejército chileno opuestos a Allende. Uno de los primeros obstáculos fue el general René Schneider, comandante en jefe del Ejército, firme defensor de la Constitución. Fue asesinado el 22 de octubre de 1970 por oficiales chilenos ligados a la derecha, con apoyo logístico y financiero de la CIA. Según informes desclasificados, Estados Unidos pagó sumas a los implicados para silenciar sus vínculos. Como se esperaba, Washington negó su participación, pero la sangre de Schneider marcó el inicio de un camino sin retorno.

La prensa fue una pieza clave. El influyente diario *El Mercurio* recibió al menos 1,5 millones de dólares de la CIA para crear una atmósfera de pánico económico y social. Se difundieron noticias falsas, como una supuesta «comunicación» del país y una inminente toma soviética. La reforma agraria o la expansión del sector público eran interpretadas por los redactores de *El Mercurio* como prueba de un avance hacia un modelo socialista o comunista. Resaltaba la inflación, los desabastecimientos y la crisis económica como resultados de la mala gestión del Gobierno. La portada de la revista *Time* llegó a mostrar a Allende como una amenaza global, otro peón rojo en la Guerra Fría. También se financió a partidos políticos de derecha, sindicatos empresariales y grupos estudiantiles para que organizaran huelgas, protestas y sabotajes económicos. A esto se sumó la suspensión de ayuda exterior estadounidense, que previamente representaba el 20 % del presupuesto chileno. Washington apostó por hacer de Chile un país ingobernable.

Documentos desclasificados en la actualidad demuestran, sin lugar a dudas, el papel tan decisivo y siniestro que jugó **Henry Kissinger** al defender la necesidad de impedir que «un país se vuelva marxista por la irresponsabilidad de su propio pueblo». El 5 de noviembre de 1970 presentó un programa de Acción Encubierta que incluyó propaganda falsa, agitación internacional y apoyo a militares chilenos proclives al golpe. El objetivo: aislar a Allende y quebrar su base de apoyo popular.

Pinochet y Kissinger, criados por Dios y destinados a «juntarse».

El 11 de septiembre de 1973, Augusto Pinochet lideró el golpe que derrocó a Allende. En poco tiempo, miles de personas fueron asesinadas, desaparecidas o torturadas. La CIA sabía lo que ocurría. Informes internos advertían de violaciones sistemáticas de los derechos humanos. Aun así, Estados Unidos mantuvo su respaldo. Pinochet se convirtió en socio clave en la llamada operación Cóndor, una red regional de represión que ejecutó a opositores en América Latina.

Uno de los episodios más infames fue el asesinato en Washington D. C. del exministro chileno **Orlando Letelier** y de su asistente **Ronni Moffitt** en 1976, por orden de Pinochet y ejecución de la DINA, la policía secreta dirigida por **Manuel Contreras**, agente a sueldo de la CIA durante años.

Décadas después, documentos desclasificados —las llamadas «Joyas de la Familia» de la CIA— revelaron el alcance del encubrimiento. Se destruyeron pruebas, se ofreció protección a implicados, se mintió al Congreso de Estados Unidos, se asesinó al general **René Schneider**, se financiaron mentiras publicadas en el diario *El Mercurio,* los vínculos con Pinochet... Nada fue casual. Y, como guinda del pastel, apenas un mes después del golpe de Estado, Kissinger fue galardonado con el Premio Nobel de la Paz.

El historiador noruego **Asle Sveen**, especialista en los Nobel, calificó de fiasco total la elección del candidato: «*El de 1973 fue el peor premio en toda la historia del Nobel de la Paz*», añadió. Todo ello por una tregua que los norteamericanos habían firmado con Vietnam del Norte, y que fue una estrategia norteamericana para poder retirar sin peligro parte de sus tropas, justo cuando las protestas en Estados Unidos arreciaban. Estudiantes universitarios, intelectuales, pacifistas, miembros de grupos religiosos, veteranos de guerra y personas de diversos orígenes se involucraron en la condena de un conflicto que duraría unos veinte años.

Los norteamericanos fueron considerados por los vietnamitas como una fuerza neocolonial asociada a los gobiernos corruptos de Saigón. Cometieron graves atrocidades contra la población civil vietnamita como la conocida Matanza de My Lai en 1968, cuando más de 500 civiles desarmados (entre hombres, mujeres, niños y bebés) fueron asesinados, incluyendo previamente violaciones en grupo de mujeres y niños, y posterior mutilación de muchos de ellos. Las noticias de esta masacre llegaron a la opinión pública norteamericana un año después.

El teniente William L. Calley Jr. fue el único condenado por el asesinato de unos 500 civiles en la aldea vietnamita de My Lai. El castigo de cadena perpetua señalada por el juez militar era una excusa de cara a la galería. Calley acabó cumpliendo solo tres años de arresto domiciliario gracias al perdón del presidente Richard Nixon. Falleció en marzo de 2024.

El teniente William L. Calley Jr. fue el único condenado por el asesinato de unos 500 civiles en la aldea vietnamita de My Lai. El castigo de cadena perpetua señalada por el juez militar era una excusa de cara a la galería. Calley acabó cumpliendo solo tres años de arresto domiciliario gracias al perdón del presidente Richard Nixon. Falleció en marzo de 2024.

Estados Unidos fue el arquitecto de la tragedia chilena. Allende cayó, pero dejó una última lección. En su discurso final, advirtió que, más temprano que tarde, se abrirían las grandes alamedas a la libertad. Durante casi diecisiete años de dictadura, Chile vivió una paz impuesta a sangre, una economía vendida al capital extranjero y una democracia arrasada. A medio siglo del golpe, los archivos cuentan una historia que ya no puede ser silenciada. Fue la culminación de una operación política, precisa y despiadada, urdida desde Washington. Y aunque Kissinger ganó el Premio Nobel de la Paz, la historia ha condenado a los verdaderos conspiradores.

Yo pisaré las calles nuevamente

Yo pisaré las calles nuevamente
de lo que fue Santiago ensangrentada
y en una hermosa plaza liberada
me detendré a llorar por los ausentes.

Yo vendré del desierto calcinante
y saldré de los bosques y los lagos,
y evocaré en un cerro de Santiago
a mis hermanos que murieron antes.

Yo unido al que hizo mucho y poco,
al que quiere la patria liberada
dispararé las primeras balas
más temprano que tarde sin reposo.

Retornarán los libros, las canciones
que quemaron las manos asesinas;
renacerá mi pueblo de su ruina
y pagarán su culpa los traidores.

Un niño jugará en una alameda
y cantará con sus amigos nuevos,
y ese canto será el canto del suelo
a una vida segada en La Moneda.

Yo pisaré las calles nuevamente
de lo que fue Santiago ensangrentada
y en una hermosa plaza liberada
me detendré a llorar por los ausentes.

PABLO MILANÉS

18

Tirar la piedra y esconder la mano

Pocos líderes como José María Aznar han demostrado una capacidad tan refinada para actuar como catalizadores del extremismo sin asumir directamente sus consecuencias. En varias ocasiones ha lanzado mensajes que polarizan, insinúan o avivan el conflicto ideológico, ya sea hablando sobre Cataluña, el islamismo, la memoria histórica o la política internacional, para luego retirarse estratégicamente, como quien tira la piedra y esconde la mano.

Esta actitud, mezcla de cinismo político y cálculo mediático, le ha permitido incidir en el debate público y alimentar un clima de enfrentamiento, sin responsabilizarse abiertamente de sus efectos. Aznar opera como un ingeniero simbólico que interviene desde la sombra para amplificar las tensiones, mientras mantiene intacto el barniz de estadista. De hecho, es un especialista en el arte de tirar la piedra y esconder la mano, moviéndose entre el cinismo y la manipulación retórica.

El primer ejemplo notorio de esta actitud fue su afirmación en 2003 en el contexto de la guerra de Irak: *«Pueden estar seguros de que el régimen iraquí tiene armas de destrucción masiva»*. La frase, pronunciada ante la opinión pública española, buscaba justificar la intervención militar junto a Estados Unidos y el Reino Unido. Aunque con posterioridad se demostró la falsedad de dicha afirmación, se ha convertido en ejemplo perfecto

235

de cómo las *fake news* pueden ser utilizadas como herramienta política. Se trató de una mentira deliberada, promovida por líderes políticos y amplificada por medios de comunicación afines, en una estrategia de desinformación masiva con consecuencias devastadoras.

Aznar eludió entonces cualquier autocrítica, delegando la responsabilidad en los servicios de inteligencia y manteniendo una actitud de distancia frente al desastre geopolítico resumido en más de 460.000 personas fallecidas por causas atribuibles a la guerra de Irak entre 2003 y 2011, por no mencionar la respuesta yihadista con los atentados del 11-M en Madrid.

Otro momento revelador se produjo en 2019, cuando Aznar abogó públicamente por la necesidad de una «intervención» contra el gobierno de Nicolás Maduro en Venezuela, aunque no especificó si se refería a una intervención militar, diplomática o económica, desplazando la responsabilidad del contenido concreto de sus palabras a la interpretación ajena.

El ejemplo más reciente se produjo en 2024, cuando el presidente Pedro Sánchez anunció un período de reflexión tras la campaña de acoso político-judicial que afectaba a su esposa y a su familia. Aznar, lejos de desmarcarse del clima de hostigamiento, reaccionó con una frase ambigua pero incendiaria: «*El que pueda hacer que haga*». Una suerte de consigna implícita que legitima tácitamente la presión contra el adversario político. Un llamado que resuena como una contraseña, pero que deja en manos de otros la ejecución de la orden. En todos estos casos, Aznar actúa como un demiurgo en las sombras, lanzando una consigna cargada de potencial explosivo, que circula y se amplifica, y luego se aparta del foco, delegando la violencia retórica a terceros, lo que le evita responder de sus consecuencias. ¿Estamos ante una nueva estrategia de la ultraderecha?

La interpretación de tan enigmática frase, en el contexto del auge mundial de la extrema derecha, parece inicialmente una exhortación a la acción. Podría esconder una llamada a saltarse los procedimientos democráticos establecidos, incluida la división de poderes y las instituciones que garantizan el equilibrio del sistema. En el contexto internacional actual es algo, cuando menos, preocupante. El «hacer» que Aznar menciona podría referirse a actuar sin freno, sin las restricciones que supone el respeto al marco legal y a los principios fundamentales que rigen las democracias. Esta estrategia forma parte de una creciente tendencia global que busca concentrar el poder en manos de una élite política y empresarial dispuesta a erosionar las estructuras democráticas tradicionales.

El resurgir de movimientos autoritarios y de extrema derecha en todo el mundo ha sido un fenómeno en aumento durante la última década. Líderes como Donald Trump en Estados Unidos, Viktor Orbán en Hungría o Javier Milei en Argentina han dado muestra de cómo los discursos populistas pueden desmantelar las democracias desde dentro. La frase de Aznar podría estar alineada con este movimiento global, donde la idea de un poder fuerte, concentrado y sin restricciones se presenta como una solución a los problemas derivados de la globalización, la inmigración y la crisis económica.

Si bien la frase de José María Aznar puede parecer un simple comentario político, el caos y la polarización política podrían estar siendo utilizados de manera estratégica para justificar un asalto a las instituciones democráticas de España. Con el auge global de la extrema derecha y la creciente desconfianza en las instituciones, es posible que estemos siendo testigos de un momento histórico en el que las bases de la democracia están siendo desmanteladas desde dentro, siguiendo una estrategia que antepone la concentración de poder sobre el respeto a la ley y la división de poderes.

Si alguien piensa que las instituciones democráticas en España son inexpugnables, baste recordar el asalto al Capitolio de Estados Unidos el día de Reyes de 2021 en un intento esperpéntico de autogolpe de Estado de resultado incierto e imprevisible. Si esto ocurre en la primera potencia mundial, no podemos estar muy relajados en España. También frivolizamos aquí cuando nos enteramos en diciembre de 2019 de que los chinos estaban construyendo un hospital en solo una semana, se trataba de la antesala del COVID-19. Unas semanas más tarde, estábamos enterrando a nuestros propios muertos, hasta un total de más de 121.000, y buscando soluciones desesperadas para campear la pandemia.

19

Alvise Pérez (desinformador profesional)

LA ASCENSIÓN DE ALVISE PÉREZ: DE AGITADOR DIGITAL A LÍDER EUROPARLAMENTARIO

Alvise Pérez es uno de los nombres más representativos de la política digital contemporánea en España. Su figura refleja la transformación del populismo contemporáneo, que, más que plantear soluciones, se nutre de la creación de realidades alternativas donde el engaño se convierte en una estrategia legítima. Un exasesor de Ciudadanos, que en su carrera política destacó no por sus propuestas programáticas o su consistencia ideológica, sino por su capacidad para utilizar las redes sociales como plataforma para difundir teorías conspirativas, desinformación y mensajes incendiarios.

Su agrupación de electores, Se Acabó La Fiesta (SALF), se presentó como una respuesta populista a lo que él percibe como un sistema corrupto y desconectado de la realidad del pueblo. A pesar de sus antecedentes legales y los cuestionamientos a su integridad, Pérez logró una sorprendente victoria en las elecciones al Parlamento Europeo de 2024, obteniendo más de 800.000 votos y tres escaños. Este éxito, sin embargo, no fue producto de un apoyo a un programa coherente o una propuesta política estructurada, sino más bien a la capacidad de movilizar emociones a través de discursos antielitistas, victimistas y cargados de desinformación.

La estrategia de la desinformación: inventar la realidad

Uno de los pilares sobre los que Pérez ha cimentado su figura política es la constante propagación de falsedades, como la creación de un relato falso sobre la exalcaldesa de Madrid, Manuela Carmena. Durante la pandemia de COVID-19, Pérez difundió el bulo que aseguraba que Carmena había recibido un respirador en su domicilio privado, lo que sugería un trato de favor injustificado en comparación con otros ciudadanos. Esta falsedad fue desmentida públicamente y llevó a Pérez a ser condenado por vulnerar el honor de Carmena, con una sentencia judicial que obligaba a indemnizarla con 5.000 euros.

A lo largo de su carrera, Pérez ha creado una narrativa en la que la «élite política» (especialmente los partidos de izquierda) se alinea con los intereses de grandes corporaciones y poderes ocultos, en una suerte de conspiración global destinada a controlar las decisiones políticas del país. Las invenciones de Pérez van más allá de simples rumores: son piezas clave en una estrategia mediática que utiliza la manipulación de hechos para reforzar su imagen de «luchador contra el sistema».

El eurodiputado aforado: protegiendo la mentira

A pesar de sus condenas por desinformación, Alvise Pérez no ha detenido sus actos. En parte, esto se debe a su estatus de eurodiputado, lo que le otorga una inmunidad parlamentaria que le permite continuar con sus acciones sin temor a repercusiones judiciales inmediatas.

A lo largo de los años, ha perfeccionado la técnica de acusar a las instituciones de servir a una agenda oculta. Para él, la política es un juego sucio en el que los intereses reales no están representados por los partidos tradicionales, sino por una clase dirigente que opera en las sombras. Este relato, aunque desprovisto de evidencia sustancial, es adoptado por una parte de la población que busca explicaciones sencillas y directas en medio de la incertidumbre política y económica.

La ultraderecha y la sombra de El Yunque

Pérez también ha sido vinculado con organizaciones de ultraderecha como **Hazte Oír**, una plataforma que promueve una agenda conservadora y contraria a los derechos de las minorías, así como la secta paramilitar ultracatólica **El Yunque**, conocida por su secretismo y sus vínculos con la extrema derecha española. Aunque Pérez ha negado cualquier vinculación directa con estos grupos, su discurso y su estrategia de comunicación se alinean con los objetivos de estos movimientos: la lucha contra lo que consideran una invasión ideológica de izquierda, la defensa de los valores tradicionales y el rechazo a la globalización.

La relación con estos grupos no es meramente anecdótica. El Yunque, según informes de inteligencia y medios de comunicación, tiene una estructura cerrada y persigue influir en las instituciones políticas mediante la infiltración y el control de figuras clave. A través de su asociación con plataformas como Hazte Oír, Pérez se posiciona como un opositor al sistema, un líder en la lucha contra lo que él percibe como un ataque a la identidad española y occidental.

LA DESINFORMACIÓN COMO HERRAMIENTA DE PODER

En última instancia, la figura de Alvise Pérez ilustra el poder político que pueden alcanzar las teorías conspirativas y la desinformación en la era digital. Pérez se presenta como un *outsider,* una figura que dice representar a los ciudadanos de a pie, mientras que, en realidad, su éxito depende de la manipulación de la realidad para generar una confrontación que polariza aún más a la sociedad.

Al igual que otros políticos y líderes de movimientos populistas, Pérez ha entendido que la **emocionalidad** es más potente que la **argumentación lógica**, y que el miedo y la ira son emociones que pueden movilizar a una base de apoyo sólida. El caso de Alvise Pérez es un ejemplo de cómo la política contemporánea ha mutado en el campo de batalla de la información.

El enemigo no es solo político, sino también informático: los medios de comunicación tradicionales se ven eclipsados por las redes sociales, donde las noticias falsas y las distorsiones de los hechos encuentran un terreno fértil. En este contexto, la desinformación se convierte en una herramienta clave para alcanzar poder y movilizar seguidores, siendo la verdad solo una pieza más en un juego de manipulación.

20

Políticas de motosierra: ciencia, censura y retroceso en la era Trump

Con Milei, el término «motosierra» pasó de ser una simple metáfora a convertirse en una estrategia política real. Lo que comenzó como una puesta en escena provocadora (blandió literalmente una motosierra durante su campaña) se ha convertido en una táctica de desmantelamiento sistemático de instituciones públicas en nombre de la eficiencia, la libertad individual y el «gasto cero». En Estados Unidos, el espíritu es el mismo: la motosierra llega también al corazón de la ciencia.

Donald Trump, con renovada intensidad en su nuevo proyecto de regreso al poder, ha convertido a la ciencia mediante un ataque deliberado en un blanco prioritario, planificado y profundamente ideológico. Uno de los primeros síntomas del retroceso científico se manifiesta en los recortes presupuestarios. En las proyecciones de gasto federal para los próximos años, sectores como la investigación ambiental, el cambio climático, los estudios de género y la salud pública sufrirán reducciones de más del 50 %. Organismos como la National Science Foundation (NSF) y la Environmental Protection Agency (EPA) enfrentan recortes que paralizarán cientos de proyectos en curso.

Además, bases de datos históricas cruciales, como las que registran el impacto económico y humano de desastres naturales desde 1980, dejarán de actualizarse por falta de financiación, lo cual es una forma de borrar la memoria científica y, con ella, la evidencia de que fenómenos como el cambio climático están estrechamente ligados a decisiones políticas.

La censura también opera a través del lenguaje. Informes internos han documentado que palabras clave como «diversidad», «equidad», «género» o «mujer» se han convertido en marcadores de riesgo presupuestario. Proyectos que incluyan estos términos pueden ser descartados automáticamente. Así, por ejemplo, investigaciones relacionadas con el cáncer de mama están viendo sus fondos recortados simplemente por mencionar la palabra *«women»* en sus objetivos.

FUGA DE CEREBROS Y AUTOCENSURA CIENTÍFICA

Ante este panorama, miles de investigadores se enfrentan a una disyuntiva ética y profesional: callar o arriesgarse. Muchos ya optaron por lo primero. La autocensura crece en centros académicos y laboratorios; conceder entrevistas o hacer declaraciones públicas sobre investigaciones sensibles puede suponer la pérdida de fondos, visados o incluso la expulsión del país. Investigadores extranjeros, que conforman una parte vital del sistema científico estadounidense, viven bajo la amenaza constante de represalias migratorias que afectan también a sus familias.

La consecuencia inmediata es la fuga de cerebros. Universidades europeas, canadienses o australianas experimentan un aumento significativo de solicitudes de científicos que buscan entornos más estables y libres de presión ideológica. La ciencia, símbolo del liderazgo estadounidense, comienza a migrar en silencio, al ser considerada una carga inútil para la nueva administración Trump.

PSEUDOCIENCIA, *FAKE NEWS* Y ULTRADERECHA: UNA ALIANZA PELIGROSA

El resurgir de las pseudociencias es funcional. Si la verdad es relativa, ¿para qué queremos evidencias científicas? Ya nos dirán los asesores de Trump o él mismo lo que tengamos que saber. El último ejemplo ha sido la recomendación a las embarazadas de no tomar paracetamol para evitar el autismo. Las ultraderechas globales lo han comprendido bien: negar el cambio climático, cuestionar las vacunas, ridiculizar el feminismo o difundir teorías conspirativas no son errores o excesos retóricos, sino estrategias para erosionar el papel de la ciencia como base del debate democrático.

Durante el primer gobierno de Trump, vimos cómo el propio presidente sugería inyecciones de desinfectante para tratar el COVID-19, desacreditaba al Centro para el Control de Enfermedades (CDC) y promovía tratamientos no probados a través de redes sociales. Lo anecdótico se volvió estructural. Lo disparatado, doctrina.

Este desprecio por la ciencia, además de un estilo comunicativo, es una política pública. Y sus efectos se extienden más allá de Estados Unidos: cuando el país más poderoso del mundo socava a su comunidad científica, las consecuencias son globales. Pero no todos los recortes son iguales. Las áreas más afectadas son aquellas que tienen potencial transformador en términos sociales. Estudios sobre equidad de género, salud reproductiva, impactos del racismo estructural, medioambiente o educación inclusiva están siendo sistemáticamente desfinanciados. Se recorta lo que molesta o incomoda y se muestra como un ahorro para todos los ciudadanos.

El retroceso científico se presenta como una política de austeridad, pero, en realidad, es un proyecto ideológico. Donde la evidencia puede amenazar al *statu quo,* se la silencia.

La democracia también se erosiona

La ciencia no es políticamente neutral, representa una forma de organización del conocimiento basada en principios compartidos: verificación, transparencia, revisión por pares, debate público. Cuando se la sustituye por dogmas, opiniones o intereses económicos, no solo perdemos conocimiento, perdemos democracia.

Porque una sociedad que no invierte en ciencia, que la castiga por incomodar, que promueve el miedo entre quienes investigan, es una sociedad que renuncia a pensar críticamente su presente y su futuro.

En tiempos de «motosierra», defender la ciencia no es un gesto técnico: es un acto político y cultural. No se trata de idealizarla, sino de reconocer su papel en la construcción de una ciudadanía informada, capaz de resistir el avance de los autoritarismos.

Frente al ruido de las *fake news,* la ciencia sigue siendo una de las pocas herramientas que tenemos para desmontar los relatos que buscan confundirnos. Por eso la atacan y por eso hay que protegerla.

21

¿Podemos vencer a la desinformación?

El ultraje a la verdad mostrado por Iker Jiménez en relación a la tragedia valenciana del 29 de octubre de 2024 y su desprecio por la objetividad informativa han puesto de manifiesto que en su jerarquía de valores primero está conseguir tensar las emociones de sus seguidores antes que el buen servicio periodístico.

La función de un periodista es informar imparcialmente sobre los acontecimientos más importantes. Iker Jiménez parece seguir la consigna/orden de Aznar: *«El que pueda hablar que hable. El que pueda hacer que haga. El que pueda aportar que aporte. El que se pueda mover que se mueva»*. Esto sí que parece una invocación secreta y misteriosa, justo tras señalar a Sánchez como *«un peligro para la democracia»*. Aznar, ese que fabricó el bulo de la implicación de ETA en el atentado del 11-M, y que aún no ha pedido perdón a pesar de demostrarse que de los 21 condenados por la Audiencia Nacional, ninguno tenía vinculación con la organización vasca.

Insistentes recomendaciones por parte de la UNESCO y del Consejo de Europa urgen a las administraciones a tomar cartas en el asunto y convencer a la sociedad de que la «alfabetización mediática» no es un lujo, ni una simple iniciativa educativa opcional, sino un imperativo social y democrático que hay que implementar de modo urgente.

Debemos aprender qué son los medios de información, cómo se elabora una noticia, el valor de las fuentes, por qué hay que contrastarlas, aprender acerca de las redes sociales, cómo combatir la desinformación o las noticias falsas. Estamos hablando de objetivos muy importantes si queremos defendernos de los bulos y la desinformación. Es un problema que nos afecta a todos.

Un reciente estudio la Facultad de Ciencias de la Información de la Universidad de Málaga arrojó unos resultados muy interesantes, que reflejan la realidad del problema en Andalucía. El 88,3 % está muy preocupado por los efectos de la desinformación; sin embargo, solo el 68 % se siente preparado para evitarla y combatirla. Resulta preocupante que un 14 % de los encuestados admiten haber compartido información falsa a pesar de ser conscientes de ello. De ahí la importancia de concienciar a los ciudadanos sobre un asunto que cada día adquiere mayor relevancia.

¿Podemos vencer a la desinformación? La presencia de las redes sociales marca un antes y un después en la difusión informativa. El periódico, tal y como lo conocíamos, era una selección de noticias, aquellas que, según criterios de los profesionales, merecían ser contadas a los ciudadanos y plasmadas en papel para ser leídas. Al cerrar el periódico, uno tenía la sensación de estar informado; esa sensación ya no existe. Un cierto pacto no escrito nos unía a los profesionales de la comunicación, que seleccionaban por nosotros las noticias y sucesos más interesantes. Esta confianza se manifestaba con la compra de un determinado periódico. Toda esta lógica ha cambiado. Hoy día disponemos de tanta información al mismo tiempo que nos dificulta su selección.

La periodista ceutí **Carmela Ríos** (1965) enumera una serie de motivos que explicarían cómo hemos llegado a esta situación:

1. Internet: las redes de comunicaciones de alcance mundial y su servicio de la World Wide Web (WWW o la Web) popularizaron durante la década de 1990 la consulta de archivos de hipertexto, que permitía crear, agregar, enlazar y compartir información de diversas fuentes, con tan solo un clic.

2. Aparición de las redes sociales: uno de los mayores fenómenos sociológicos del siglo XXI y su impacto en individuos y grupos (ahora nos damos cuenta de su verdadero impacto).

3. Generalización de la tecnología móvil: los espectaculares avances tecnológicos permiten que todo el que quiera tiene dispositivos que puede llevar encima como el teléfono inteligente o una tableta. Las redes sociales y los móviles nos permiten una rápida comunicación. El punto de inflexión fue, sin duda, la creación del iPhone en 2007, anunciado por Steve Jobs, dispositivo táctil, basado en la navegación por internet y sus aplicaciones. Enseguida se le unieron los *smartphones*, de los que solo en 2024 se vendieron en el mundo 1.240 millones. Sabemos que aproximadamente el 75 % de la población mundial (5.620 millones de personas) tiene teléfono móvil. Según el informe *Digital 2024,* existen más de 8.650 millones de conexiones móviles en el mundo, lo que implica que hay más teléfonos móviles que personas.

Carmela Ríos considera históricos dos años concretos: 2009, en que Twitter habilita el retuit, y 2012, año en que Facebook habilitó el botón de «compartir».

Nunca antes en la historia las noticias eran contestadas, salvo las «cartas al director», y poco más. Los periodistas quizá vivían en un pedestal, porque eran ellos los que controlaban la información, pero con la llegada de las redes sociales, el cambio es total. Desde entonces, cada ciudadano puede no solo recibir información, sino distribuirla él mismo. Este detalle lo cambia todo, porque convierte la comunicación en las redes sociales en un diálogo permanente entre emisor y receptor.

Las redes son ahora una gran foro o una asamblea que se nutre con las reacciones de los usuarios que pueden opinar y compartir. Todos tenemos la palabra, lo cual debería ser maravilloso si lográsemos su función como un instrumento de coordinación sin precedentes. Pero lo cierto es que esto no suele ser lo habitual. Por desgracia puedes alterar la realidad comprando seguidores, visualizaciones, «me gusta» o falsas comparticiones , llegando así a la desinformación.

La **desinformación** es una operación de disfraz, de apariencia a gran escala, de intentar que las cosas sean sin serlo, nutriendo esa apariencia con grandes dosis de credibilidad de muchas formas posibles. Pero ¿quién quiere que exista la desinformación y para qué? Hay una desinformación económica y otra ideológica. Nosotros mismos tendemos a compartir muchas veces algunas mentiras. Hay muchos motivos por los que la gente comparte información, sobre todo por motivos económicos o ideológicos. La desinformación afecta directamente a nuestras vidas (estafas, suplantación de personalidad, motivaciones políticas, mensajes de odio, etc.).

Los mensajes falsos muchas veces acaban reforzando una ideología. La campaña de Trump ha sido un claro ejemplo. Hizo dudar a los electores sobre el posible amañamiento del sistema electoral y el falseamiento del recuento de votos.

Este fenómeno de la desinformación política ha superado todas las expectativas, por lo que es muy difícil abarcarlo. La desinformación genera información. Por ejemplo, el caso de los supuestos gatos comidos por los inmigrantes en Springfield (Illinois). Se puede decir que estas noticias han generado el llamado periodismo de la desinformación.

Dentro de un contexto político, genera un nuevo perfil periodístico. Entramos, por tanto, en una etapa diferente:

- Muchas fuentes de información.
- La desinformación es endémica.
- La IA es un problema y una solución, porque puede generar bulos y, a la vez, detectarlos.
- Los bulos en sí mismos son noticia.

No vamos a poder vencer a la desinformación, porque esta ha venido para quedarse, pero sí podemos convivir con ella. Es una tarea de todos. Primero debemos elegir nuestro camino, nuestra relación con la verdad; volver a ordenar nuestro menú de información; dudar por sistema; cuidar nuestra capacidad de aprender a concentrarnos.

¿Qué es la verdad ahora? Es casi una reflexión interna y personal. Hay que comenzar por respetarnos a nosotros mismos. Las plataformas en las redes luchan por nuestro tiempo y nuestra atención. Podemos intentar tomar las riendas de nuestra propia vida en lo que a la información se refiere, decidir cómo vamos a informarnos.

Los medios de información tradicionales tienen la oportunidad de abandonar la «trinchera ideológica» y volver a ser lo que fueron, medios de seleccionar profesionalmente la información, separando las opiniones de las noticias propiamente dichas.

Hay que aprender a dudar por sistema. Si tenemos medios de referencia, acudir a ellos para contrastar. Es muy fácil caer en la trampa, existe un gran interés en engañarnos, muchas fotos que no existen, mucha «información» generada por la IA. Y esto va en aumento.

Debemos combatir el odio, que se utiliza como herramienta de enfrentamiento social para polarizarnos (véase Torrepacheco). El odio a colectivos sociales concretos, a partidos, a formas de pensamientos distintos. Cuidar nuestra capacidad de concentrarnos; crear, no atrofiarnos, no depender de la IA ni de los intereses oscuros de determinadas plataformas; volver a los formatos físicos, el vinilo, los libros en papel; recuperar lo táctil —el móvil es en realidad un saqueador de sensaciones—; utilizar pautas personales, gestionarlas personalmente a nuestro propio ritmo.

El periodismo en general está afectado por el problema de la desinformación. Una noticia debe ser una información verificable. Las noticias falsas menoscaban la credibilidad de las verdaderas noticias. La falsedad es un fraude informativo, un intento deliberado y deshonesto de confundir y manipular a la sociedad. Por lo común está organizada y dispone de mediadores que proveen los recursos necesarios. Utilizan a los receptores como altavoces extendedores del *fake*. Un periodista profesional está sujeto a una ética que lo obliga a huir del sensacionalismo, la exageración y la parcialidad. Necesitamos periodistas éticos comprometidos con la profesión como alternativa a la contaminación informativa que sufrimos. Periodistas que trabajen al servicio de la verdad, incluso si esta no es muy conveniente y siendo conscientes de que a veces los profesionales están sometidos a ambientes intimidatorios y manipuladores.

Lo queramos o no, estamos inmersos en una auténtica guerra desatada por los grandes cambios en las comunicaciones, donde la verdad es secuestrada por los poderes fácticos: Iglesia, bancos, grandes empresas multinacionales, mafias, narcotraficantes, sectas o medios de comunicación entre otros; son realmente oligarquías que, mediante su capacidad de presión, tratan de imponer su particular criterio, aun a costa de secuestrar el auténtico relato, con el que controlar la ideología, la economía y a la sociedad en su conjunto. Estos agentes de poder suelen compartir intereses comunes, aunque su rol político no tiene, por supuesto, reconocimiento legal. Cuando alguno de estos agentes logra influir en la agenda política del gobierno en perjuicio de la mayoría de los ciudadanos, ya estaríamos a merced de una corporatocracia, cuyos intereses se impondrían en contra de nuestras necesidades como sociedad.

La verdad es aquello que no puede negarse racionalmente, porque coinciden los hechos reales y lo que se afirma. Va unida a la buena fe y a la honestidad. Pero ¿qué reglas podemos utilizar para identificarla? ¿Cuánto de subjetivo hay en ella? A estas preguntas tratan de darles respuesta la lógica, la teología y la filosofía. ¿Cuáles son los fundamentos de la verdad?

Los historiadores son profesionales de su búsqueda. La palabra griega para definirla es *«alétheia»,* que viene a significar «sin velos o desvelada»; en cambio, la palabra latina *«verus»* hace mayor hincapié en la confianza de que lo que vemos o creemos coincide con lo que realmente es. Todos entendemos perfectamente el concepto, aunque puede ser muy difícil de explicar.

Para comprender la complejidad de los desafíos que afronta la sociedad actual, basta asomarnos a las redes sociales. Hay estudios que demuestran que más del 80 % de las noticias que circulan por ellas son falsas, desinformadoras, propagandistas y con clara intencionalidad política, especulaciones surgidas de mentes malignas que conforman una auténtica industria especializada en concebir verdaderas campañas.

El derecho a la información y al saber nos lo niegan las *fake news*. Es fundamental en nuestras vidas tomar nuestras decisiones como seres libres a partir de la objetividad que pueden proporcionar informaciones veraces, porque nos permite, por ejemplo, decidir nuestro voto en las elecciones. Es por lo tanto razonable mantenernos alerta ante una amenaza tan seria que nos toma por imbéciles.

El robustecimiento de la democracia depende en gran medida de que seamos capaces de luchar contra esta deficiencia. Si existieran individuos tratando de envenenar el agua que bebemos, nos alarmaríamos enseguida. No es menos grave emponzoñar la información buscando la polarización social y política, tratando por cualquier medio de dividir, aún más si cabe, a la sociedad, explotando sin recato cuestiones muy sensibles y en muchas ocasiones poniendo en peligro nuestro propio futuro. Solo en los Estados democráticos puede exigirse este derecho, porque su privación deforma gravemente nuestra convivencia. Somos los ciudadanos sus principales garantes. Las decisiones relevantes que tienen que ver con nuestras preferencias y necesidades deben surgir desde un conocimiento veraz de la realidad. Es nuestro derecho a influir en las decisiones públicas. Las dictaduras y regímenes autoritarios se caracterizan, entre otros aspectos, por los secretismos, la información privilegiada y las falsas informaciones emitidas desde el mismo Estado que controla los medios de información y de propaganda.

Cuando desde algún medio mienten de forma incesante, queda claro que no solo tratan de hacernos creer una noticia falsa, sino más bien conseguir que pensemos que todas las noticias son falsas. Si la gente es incapaz de diferenciar lo falso de lo verdadero, ya no pueden enjuiciar con objetividad, quedando supeditados entonces al caos de las patrañas.

El 15 de septiembre de 2008 supimos que uno de los bancos de inversión más importantes de Estados Unidos se declaró en bancarrota (Lehman Brothers). Esta quiebra dio lugar a un crac financiero solo comparable con el ya conocido de 1929, cuando las economías de todos los países del mundo se contagiaron rápidamente y, como un castillo de naipes, colapsaron, dando lugar a la crisis conocida como la Gran Recesión.

La deuda de Lehman Brothers en 2008 superaba ampliamente los 600.000 millones de dólares. En España se tradujo en un aumento de la desigualdad social debido al incremento del desempleo, el estallido de la burbuja inmobiliaria, la crisis bancaria, etc.

El camarero del bar donde yo desayunaba por aquella época —gran experto, por lo visto, en las cuestiones más variadas— me dijo mientras preparaba un café con leche: *«Menuda crisis mundial ha creado Zapatero»*. Y no hubo forma de convencerlo de que el presidente del Gobierno español no tenía tanto poder como para provocar una crisis a escala planetaria. Él había visto ciertos debates políticos en *Intereconomía* y los mensajes transmitidos quedaron esculpidos en su mente pétrea como con un cincel de tungsteno. Pero el análisis no quedaba ahí, porque: *«¿Con qué intención provocaría Zapatero una crisis mundial?»*, le pregunté, al tiempo que diluía un azucarillo en mi café. Según él, estaba muy claro: *«Para arruinar a España, siguiendo, por supuesto, las órdenes de George Soros»*, un nonagenario que, por lo visto, es el dueño del mundo. Pero insistí: *«¿Arruinar a España, para qué?»*. La respuesta me dejó impresionado.

Al parecer, la Internacional comunista tenía planes siniestros para nuestro país; menos mal que al camarero de mi bar no se le escapa una, pues posee un conocimiento enciclopédico. Es un increíble polímata. Preparación adquirida a fuerza de presenciar muchos debates en *Intereconomía* y en 13TV. Además, para completar sus juicios escuchaba la COPE y seguía a *Okdiario*, así como los programas de Iker Jiménez. Gracias a estas «fuentes», pudo determinar en qué se había equivocado el seleccionador de España (Fernando Hierro) en el Mundial de Fútbol de 2018; en el año 2020 era todo un experto en COVID-19, daba consejos sobre control de pandemia y medidas preventivas. Ya unos años antes, comentando el asesinato y la desaparición del cuerpo de Marta del Castillo, decía que él sería capaz de resolverlo con una media hora que lo dejasen a solas con los sospechosos. En estos medios se enteró de que George Soros estaba reclutando a «anarquistas profesionales». *«Sí, sí, Soros, ese comunista millonario»* —añadió astutamente—. *«Ese que fue uno de los creadores del COVID-19, el mismo que después desencadenó la guerra de Ucrania y, por supuesto, financia la Agenda 20-30 para dominar el mundo».*

Da igual que le diga que Soros es un filántropo que apoya la independencia de los medios de comunicación. Por no mencionar que tiene noventa y cinco años y que es posible que esté más preocupado por su incontinencia urinaria que por cualquier otro asunto. Si yo fuese Soros, no me atrevería a pedir un café en este bar de Rincón de la Victoria. Como mucho, un solo y descafeinado, para evitar al menos la mala leche del camarero.

22

Narciso frente al espejo:
el alma patológica del nuevo fascismo

Los humanos no somos racionales por naturaleza. Antes nos dejamos llevar por la intuición, las emociones o el instinto, y solo entonces empleamos la razón para defender nuestras creencias. Estos son sesgos que podemos intentar superar mediante el pensamiento crítico y el método científico. Sin ellos renunciamos a comprender objetivamente la realidad.

Michael Shermer, divulgador científico y miembro de la Sociedad de Escépticos (organización que combate la propagación de supersticiones, pseudociencias y creencias irracionales), afirma que primero nos dejamos llevar por las emociones y luego justificamos racionalmente con argumentos, experiencias y datos que refuercen nuestro convencimiento. Según Shermer, esto se debe a que nuestro cerebro está adaptado por razones de supervivencia a ver patrones falsos y atribuirles intencionalidad (mejor asumir que un ruido en la selva es un depredador a equivocarse y morir). Por ello, tendemos a interpretar como señales, cosas extrañas, sin sustento real, triviales e insignificantes, haciendo que nuestro cerebro nos confunda y aceptemos fantasmas, fenómenos paranormales, dioses o teorías conspirativas, como «agentes invisibles» relacionados con lo «oculto, misterioso o superior». Y aunque no exista una base real que lo sustente, nuestro cerebro busca interpretarlo a su manera.

Una vez instalada la creencia, tendemos a buscar la evidencia que la confirme, descartando mediante el sesgo de confirmación todo lo que se oponga. Nuestro cerebro termina reforzando nuestras creencias hasta consolidarlas. Por desgracia, la ciencia no es natural para el cerebro humano. No nacemos con mente científica, necesitamos entrenamiento, estudio y una cierta dosis de humildad, porque va en contra de nuestros instintos cognitivos básicos. Pero es indudable que la ciencia es el mejor método para acercarnos a la verdad.

Las creencias políticas funcionan como las religiosas: nos fiamos primero de la identidad de grupo y de nuestras emociones, y después se racionaliza con argumentos, aunque no sean muy sólidos. Primero creemos, luego justificamos; de este modo tan simple se construye nuestro pensamiento paranormal, religioso o conspirativo. El cerebro humano está más predispuesto a aceptar creencias antes que pensamientos científicos. Un cerebro que tiende a ver fantasmas en las sombras, dioses en la incertidumbre y conspiraciones en el caos.

En su libro *Narciso-Fascismo: la psicopatología de la extrema derecha,* el psiquiatra australiano Niall McLaren propone un marco que nos permite ir más allá en el análisis politológico o cultural. Para el doctor McLaren, el fascismo no es una forma de gobierno como el socialismo o el capitalismo que se basan en la economía. El fascismo es solo un medio para obtener poder y consolidarlo manteniéndose en él, de modo que el líder no ofrece un programa especialmente elaborado; se trata más bien de armar el jaleo suficiente como para hacerse oír. El líder es siempre un narcisista convencido de que el poder le pertenece. McLaren explica el liderazgo fascista como propio de una mente enferma. Lo relaciona con un aumento de la testosterona de los líderes y la placentera sensación de dominio sobre los demás. Se ha investigado ampliamente en los grandes mamíferos. La testosterona es una potente hormona anabólica que te hace sentir tan bien que, llevado a un exceso, te induce a pavonearte como un ser superior amenazante y desafiador de todo posible oponente que no se humille y reconozca la preeminencia del líder. En los humanos se ha estudiado más la función de hormonas como la adrenalina, que se libera en situaciones de estrés, miedo o peligro, y ayuda al individuo a decidir su conducta, ya sea luchar o huir.

La testosterona, en cambio, te convierte en un macho dominante dispuesto a defender un estatus supremo. El doctor McLaren parte de esta hipótesis para tratar de explicar el comportamiento de los líderes fascistas y la psicología de masas, o la política a gran escala. Los políticos en general están fascinados con el poder, por eso están ahí. Un ejemplo perfecto sería Donald Trump, persona sin especial talento, pero que juega a ser poderoso y disfruta dominando a los demás. Cuando quiere desmerecer a otros, simplemente los califica de perdedores, asegurando que *«los países me besan el culo para que les retire los aranceles»*.

Según el doctor McLaren, el narcisismo es, en realidad, un exceso de autoestima. Por supuesto, todos necesitamos un cierto grado de amor propio, de orgullo y dignidad que, en los líderes fascistas, tiende a la exacerbación, alcanzando esa autoconsideración lo patológico, hasta el punto de presuponer que tienen derecho a satisfacer todos y cada uno de sus deseos. McLaren lo llama la «política del derecho adquirido». Les sucede a muchas

personas ricas que se consideran a sí mismas con derechos ilimi-
tados. El problema es que cuanto más consiguen, más quieren.
Sus ansias de poder son ilimitadas.

La democracia tiene reglas muy estrictas, para asegurarnos
de que nadie pueda asentarse para siempre en el poder rompien-
do las reglas del sistema político y acumular toda la jerarquía
de poderes. Ese es el verdadero peligro del fascismo, pues busca
en realidad destruir las bases democráticas de la sociedad. En
nuestro tiempo eso es precisamente lo que está ocurriendo en
todo el mundo.

En esta era de resurgimiento ultraderechista se cuelan las
viejas supersticiones: el terraplanismo disfrazado de ciencia crítica,
el negacionismo climático como rebelión ilustrada, las vacunas
como instrumentos de control global. Todo ello, floreciendo en
paralelo al avance de una derecha que ya no se avergüenza de su
sombra autoritaria. Para el doctor McLaren, el fascismo no es ni
un accidente histórico, ni un proyecto ideológico.

En sus investigaciones como psiquiatra, encuentra un patrón
psicológico estructural, latente en lo humano, que emerge cuando
ciertas condiciones sociales y cognitivas coinciden. El fascista es
un narcisista patológico atrapado en un entorno que legitima
su deseo de control, supremacía y dominación. Es un enfoque
clínico y profundamente político. El narcisismo-fascista se manifiesta en líderes como Trump, Netanyahu o Milei en las redes
sociales, donde el algoritmo premia la certeza hueca, el juicio
rápido, la humillación del otro. La *performance* autoritaria se ha
convertido en un espectáculo cotidiano. Pero en ese mismo teatro
se incuban formas más peligrosas de «autoritarismo cognitivo»:
la incapacidad para tolerar la duda, la complejidad o la existencia

de ambigüedades. En este sentido, las teorías conspirativas y las pseudociencias son entonces más que desinformación: son mecanismos psicológicos de reducción de incertidumbre, diseñados para dar seguridad al individuo que se decanta por soluciones simples y directas, aun a costa de reducir la realidad por no considerar perspectivas diferentes.

McLaren sugiere que el fascismo no es externo al individuo, sino que es posible exteriorizarlo cuando se ve acosado por ansiedad, caos o humillación social. No es coincidencia que los discursos de extrema derecha florezcan en momentos de crisis global (pandemias, migraciones masivas, inflación o aceleración tecnológica). Ante lo incierto, lo múltiple, lo híbrido, el discurso fascista ofrece fronteras bien definidas, pureza y relatos sencillos y soluciones fáciles. Y ahí es donde entran las *fake news,* narrativas autorreferenciales que devuelven al narcisista la ilusión de que el mundo gira a su alrededor.

En este contexto, la proliferación de los fenómenos para-normales en nuestro tiempo es también síntoma visible de una patología más profunda. El regreso de las pseudociencias, las conspiranoias, el odio legitimado y la verdad opcional comparten una misma raíz: la erosión de los marcos comunes de realidad y la entrega del pensamiento a formas de subjetividad cerrada, inflexible y paranoide.

Sin embargo, una vez identificada la patología, el verdadero desafío es construir antídotos culturales, sociales y psicológicos que nos permitan resistir. Eso implica no solo desmontar las narrativas falsas, sino también comprender por qué tanta gente las necesita. ¿Qué vacíos llenan? ¿Qué temores calman? ¿Qué anhelos expresan?

Quizá sea hora, como sugiere McLaren, de mirarnos al espejo (individual y colectivamente) y preguntarnos hasta qué punto nosotros también albergamos el deseo de un mundo más simple, más ordenado, más seguro, aunque eso implique sacrificar al otro. El narcisismo fascista no es un monstruo exterior: es una posibilidad latente en cada sociedad y en cada época. Solo reconociéndolo podremos evitar que nos arrastre, una vez más, hacia el abismo.

Bibliografía

ALBRIGHT, M.: *Fascismo. Una advertencia*. Ediciones Paidós, 2018.

ALTAY, S., BERRICHE, M., HEUER, H., FARKAS, J. & RATHJE, S.: *A survey of expert views on misinformation: Definitions, determinants, solutions, and future of the field*. Harvard Kennedy School (HKS) Misinformation Review, 4(4), 2023

BARKUN, M.: *A Culture of Conspiracy: Apocalyptic Visions in Contemporary America*. University of California Press, 2003.

BARTRA, R.: *Culturas del miedo: un ensayo sobre la narrativa del pánico*. Anagrama, 2007.

BONHOEFFER, D.: *Letters and Papers from Prison*. SCM Press, 2010.

BUTTER, M., & KNIGHT, P.: *The Routledge Handbook of Conspiracy Theories*. Routledge, 2020.

CABALLO, V.: *Un análisis psicológico de Donald Trump*. Universidad de Granada. Behavioral Psychology/Psicología Conductual, vol. 25, n.º 1, 2017, pp. 227-249.

CAMPION-VINCENT, V. et RENARD, J-B.: *Legendes Urbaines. Rumeurs d'aujourd'hui*. Petite Bibliothèque Payot, 1998.

CASALS, X.: *Vox. La extrema derecha europea llega a España*. Península, 2020.

CASSAM, Q.: *Conspiracy Theories*. Polity Press, 2019.

CINTORA, J.: *El precio de la verdad*. Ediciones B, 2024.

COOK, C. C.: «Psicopatología religiosa: la prevalencia del contenido religioso en delirios y alucinaciones en trastornos mentales». *Revista Internacional de Psiquiatría Social,* 2015, 61(4):404-425.

DÉGH, L.: *Legend and Belief: Dialectics of a Folklore Genre.* Indiana University Press, 2001.

Desinformación científica en España. Informe de resultados. 2022. Ministerio de Ciencia e Información. Fundación Española para la Ciencia y la Tecnología.

ECO, U.: *Construir al enemigo.* Lumen, 2018.

FENSTER, M.: *Conspiracy Theories: Secrecy and Power in American Culture.* University of Minnesota Press, 2008.

FUSI, J. P.: *Historia mínima de España. El Colegio de México.* Turner Publicaciones, 2012.

GALLEGO, J.: *Iker Jiménez y el discurso de la sospecha: del misterio al negacionismo pandémico.* En *Comunicación y Sociedad,* 35(1), 2022.

Gámez, L.: *El peligro de las pseudociencias en tiempos de pandemia.* El Escéptico, 54, 2021.

GARCÍA RODRÍGUEZ, J. A. y colaboradores.: *Santiago Ramón y Cajal bacteriólogo.* Ars Medica, 2006.

GONZÁLEZ NÚÑEZ, J.: *La Historia Oculta de la Humanidad (un recorrido histórico a través de las enfermedades infecciosas).* Kos, Comunicación científica y Sociedad, S. L., 2010.

GRIFFIN, R.: *Fascismo.* Alianza Editorial, 2017.

GUERRA GÓMEZ, M.: *Diccionario enciclopédico de las sectas.* Biblioteca de Autores Cristianos, 2013.

HARAMBAM, J.: *Contemporary Conspiracy Culture: Truth and Knowledge in an Era of Epistemic Instability.* Routledge, 2020.

HARARI, Y. N.: Nexus: Una breve historia de las redes de información desde la Edad de Piedra hasta las IA. Editorial Debate, 2024.

LAVAL, C. y DARDOT, P.: *La nueva razón del mundo. Ensayo sobre la sociedad neoliberal.* Gedisa, 2013.

LE BRUN, P.: «Historia crítica de las supersticiones prácticas que han engañado a los pueblos y embarazado a los sabios». Compuesta por el P. Le Brun, sacerdote teólogo del Oratorio de París. Traducida del francés al castellano por don Agustín de Gordejuela, 1745.

LEVITSKY, S. y ZIBLATT, D.: *Cómo mueren las democracias.* Booket, 2018.

LÓPEZ GARCÍA, G. y CASERO-RIPOLLÉS, A.: *Comunicación política y estrategias digitales en campañas electorales.* Tirant lo Blanch, 2017.

MARSH, C.: *Extraña gloria: vida de Dietrich Bonhoeffer.* España, Editorial Trotta, S. A., 2018.

MINOIS, G.: *La Iglesia y la Ciencia: historia de un malentendido.* Madrid. Akal, 2008.

MOFFITT, B.: *El ascenso global del populismo: performance, estilo político y representación.* Prometeo Editorial/Argentina, 2023.

MORALES, L. y ROODUIJN, M. (eds.): *The Ideational Approach to Populism: Concept, Theory and Analysis.* Routledge, 2023.

MOUNK, Y.: *El pueblo contra la democracia.* Ediciones Paidós, 2018.

MUDDE, C.: *The Far Right Today.* Polity Press, 2019.

O'CONNOR, C., & WEATHERALL, J. O.: *The Misinformation Age: How False Beliefs Spread.* Yale University Press, 2019.

ORWELL, G.: *1984.* CreateSpace Independent Publishing Platform, 2018.

RANDI, J.: «Fraudes paranormales». Ed. Tikal, 1994.

RANDI, J.: «Ideomotor effect». *An Encyclopedia of Claims, Frauds, and Hoaxes of the Occult and Supernatural,* 1995.

RICHET, C.: *Tratado de metapsíquica*. Casa Editorial Araluce. Barcelona, 1922.

ROBIN, C.: *El miedo: historia de una idea política*. Katz Editores, 2006.

RODRÍGUEZ, P.: 11-M: mentira de Estado: los tres días que acabaron con Aznar. España, Ediciones B, 2004.

RUEDA LAFFOND, J. C. & CORONADO RUIZ, C.: *Misterios, enigmas y símbolos. Lo oculto y el imaginario de la cultura de masas en España*. Ediciones Complutense, 2017.

SÁNCHEZ-CUENCA, I.: *El desorden político: democracia, populismo y crisis del orden liberal*. Alianza, 2019.

SANTOS BATISTA, L. F.: «La tradición espiritista cuestionada: prestidigitación y ciencia en la obra del jesuita mexicano Carlos María de Heredia». Tesis doctoral. Zamora Michoacán (diciembre de 2022). El Colegio de Michoacán (Centro de estudio de las tradiciones).

SHERMER, M.: *The Believing Brain: From Ghosts and Gods to Politics and Conspiracies. How We Construct Beliefs and Reinforce Them as Truths*. Henry Holt and Company, 2011.

SNYDER, T.: *Sobre la tiranía: veinte lecciones que aprender del siglo XX*. Barcelona. Galaxia Gutenberg, 2017.

WODAK, R.: *The Politics of Fear: What Right-Wing Populist Discourses Mean*. SAGE, 2105.

FUENTES DIGITALES Y DE VERIFICACIÓN

Maldita.es (2023): «Especial bulos y desinformación sobre inmigración».

Newtral (2023): «Desmontando bulos virales: Inmigración y seguridad».

CTXT (2023): Artículos sobre estrategias comunicativas de Vox y la ultraderecha.

Nota del autor

Este ensayo es, en cierto modo, una prolongación natural de las inquietudes que me han acompañado en mis anteriores trabajos. Si en *El abogado del Diablo de José Gálvez Ginachero* (Círculo Rojo, 2022) diseccioné la construcción de un mito reaccionario desde las entrañas de la alta burguesía malagueña, y en *Más allá de los huesos* (Círculo Rojo, 2024) investigué cómo el excesivo clericalismo de la sociedad española facilitó el silencio cómplice de la jerarquía católica ante los abusos sexuales cometidos en su seno, en estas páginas he querido explorar un territorio distinto, aunque atravesado por el mismo hilo conductor: el miedo como herramienta de control y el relato como arma ideológica.

Las leyendas urbanas y los fenómenos paranormales siempre han funcionado como espejos distorsionados de nuestras ansiedades colectivas, espacios donde proyectamos nuestros miedos y prejuicios. Lo verdaderamente inquietante no es que existan, sino quién las manipula, con qué intención y al servicio de qué intereses. En la España actual, la extrema derecha ha sabido exprimir el filón de estos relatos, convirtiendo el miedo al diferente, al extranjero o al pobre en un producto de consumo masivo. Lo paranormal, lo oculto, lo conspiranoico... todo es materia prima para fabricar enemigos a la carta y ofrecer respuestas simples a problemas complejos.

Agradezco a quienes, desde el periodismo riguroso, la investigación académica y el pensamiento crítico, se esfuerzan cada día por encender luces en medio de tanta niebla fabricada, pues el verdadero peligro nunca ha sido la niña de la curva, sino quien decide qué curvas deben asustarnos y qué figura conviene colocar al final de la carretera, esperando el golpe.

Y, sobre todo, gracias a quienes leen, piensan y dudan, porque la mejor forma de conjurar el miedo es entender quién lo fabrica, quién lo vende y quién se enriquece con él.

FRANCISCO BARBA CAÑETE

Índice